Y en paz me acostaré

Y en paz me acostaré

40 reflexiones esperanzadoras para tiempos difíciles

Juan Triviño

CASA
CREACIÓN
Para vivir la Palabra

Para vivir la Palabra

MANTÉNGANSE ALERTA;
PERMANEZCAN FIRMES EN LA FE;
SEAN VALIENTES Y FUERTES.
—1 CORINTIOS 16:13 (NVI)

Y en paz me acostaré por Juan Triviño
Publicado por Casa Creación
Miami, Florida
www.casacreacion.com
©2022 Derechos reservados
©2021 Juan Triviño Guirado

ISBN: 978-84-124048-8-3

Diseño interior y portada: www.produccioneditorial.com

A menos que se indique lo contrario, los textos bíblicos han sido tomados de la Santa Biblia, Nueva Versión Internacional® nvi® ©1999 por Bíblica, Inc.© Usada con permiso.

Nota de la editorial: Aunque el autor hizo todo lo posible por proveer teléfonos y páginas de internet correctos al momento de la publicación de este libro, ni la editorial ni el autor se responsabilizan por errores o cambios que puedan surgir luego de haberse publicado.

Impreso en Colombia

22 23 24 25 26 LBS 9 8 7 6 5 4 3 2 1

Para mis padres y mis hermanos. Sin vosotros este libro no habría sido posible.

Para mi esposa y nuestros hijos. Exactamente por la misma razón.

ÍNDICE

Agradecimientos 9

Prólogo 11

Introducción 15

1 Y en paz me acostaré (Salmo 4:6-8) 19

2 Cuando todo se detiene (Salmo 46) 23

3 En la casilla de salida (Josué 1) 29

4 ¿Quién me ha robado el mes de abril?
(Juan 15:9-17) 35

5 Frente al abismo (Salmo 25:16-22) 39

6 ¿Angustia en la soledad? (Salmo 23) 44

7 Cuando todo falta (2 Reyes 4:1-7) 49

8 ¿Y cuando depende de mí? (Efesios 6:10-20) 54

9 Cuando nada tiene sentido (Hechos 16:16-40) 59

10 El dolor de la despedida (Juan 11:1-44) 65

11 El silencio de Dios (Salmo 34:17; 83:1) 69

12 Cuando todo duele (Apocalipsis 21:3-4) 73

13 En el desierto (Deuteronomio 8:1-5) 78

14 La oración desesperada (Mateo 26:39) 83

15 Con la brújula bien orientada
(Filipenses 3:13-14; 2 Timoteo 4:6-8) 88

16 La noche más oscura (Salmo 121:5-8) 93

17 Cambio de planes (Santiago 4:13-17) 97

18 ¿Y si lo malo no lo fuera tanto? (Romanos 8:28). . 103

19 No estamos solos (1 Corintios 12:12-31) 108

20 ¿Qué hago si no está en mis manos?
(Mateo 6:25-33) 114

21 Dolorosas verdades (Mateo 26:69-75) 119

22 Es cuestión de perspectiva (Jeremías 29:11-14). . . 125

23 Aprendiendo a ver lo que no se ve
(Hebreos 11) 131

24 Amar es más sencillo (1 Corintios 13) 136

25 Decisiones y más decisiones (1 Reyes 12:6-14) . . .141

26 Cuando te duelen los otros (Nehemías 1:4-11) . . .146

27 ¿Y si solo podemos mirar al cielo?
(Éxodo 2:23-25) 151

28 Fieles hasta el final (Daniel 3) 156

29 Palabras que matan (Santiago 3:1-12) 161

30 El poder del perdón (Mateo 6:12, 14-15) 166

31 Cuando la lucha es conmigo mismo (Jonás) . . .170

32 Delante de lo desconocido (Génesis 6:9-22) 174

33 A pesar de las injusticias (Mateo 5:3-10) 179

34 La importancia de descansar (Mateo 11:28-30). . .185

35 El amor como respuesta (Mateo 5:43-48) 191

36 Cuando toca reconstruir (Nehemías 2-6) 196

37 Cambiar de mentalidad (Filipenses 2:14-15) 200

38 Mirando al cielo (Ester 4:13-17) 204

39 Hay esperanza (Juan 11:1-44) 209

40 ¿Y si Jesús es la respuesta? (Juan 14:1-14) 214

AGRADECIMIENTOS

Aunque es mi nombre el que aparece en la portada, este libro no podría haberlo escrito sin la ayuda de Febe Solà, que es mi vida entera. Tampoco habría podido hacerlo sin mi editora, pero sobre todo amiga, Laura Pérez; gracias por todas las sugerencias y consejos, has hecho un gran trabajo. Gracias, Marta Barraza, porque tu lectura «latina» ha evitado que se colaran palabras que en España suenan bien pero que podrían ser un escándalo en Latinoamérica. Gracias, Loida Solà, porque tus diseños siempre le dan un plus a los libros. Gracias, Marcos Vidal, por hacer el prólogo de este libro, tus palabras expresan perfectamente todo lo que había en mi corazón mientras lo escribía. Y gracias a Andrés Schwartz y Larry Downs por creer en este proyecto desde el primer día.

PRÓLOGO

No sé de dónde sacó mi padre la historia sobre un concurso de dibujantes en que el tema era la paz. El premio prometía ser para quien lograra transmitir mejor este concepto con una sola imagen. ¿Cómo dibujar la paz? De entre todos los dibujos, que incluían un mar en calma, un paisaje idílico, una montaña reflejada en un lago, un cielo sin nubes, etc., el premio fue a parar a las manos de un principiante sin mucha técnica que dibujó una cría de pájaro durmiendo plácidamente en su nido en mitad de una tormenta. Evidentemente, la idea era que la paz no se fundamenta en el entorno sino en aquello que llevamos en el interior. La historia siempre me recuerda al fantástico final del sermón del monte: la casa en la arena y la casa en la roca.

El título de este libro no es un invento del autor, sino un versículo bíblico bien conocido por casi todos los niños nacidos en familias cristianas cuyos padres se dedicaron a contarles historias bíblicas antes de irse a la cama: «En paz me acostaré, y asimismo dormiré; porque solo tú, Señor, me haces vivir confiado» (Salmo 4:8, RVR60). Es el típico versículo de escuela dominical que uno aprende de memoria en la infancia y queda grabado para el resto de la vida, como las tablas de multiplicar. Ya entonces asimilamos que la Biblia no solo es la Palabra de Dios, sino que además es un fundamento estable, la casa en la roca, el nido del pajarito que duerme por más que la tierra tiemble y todo se derrumbe.

De modo que para acostarse «en paz» como dice el título del libro y, además, dormir plácidamente, como continúa diciendo el salmo, los pensamientos que le rondan a uno la cabeza no pueden ser inquietantes. Y eso no es nada fácil, sobre todo cuando uno deja atrás la dulce infancia y los cuentos de hadas y se enfrenta a la dura realidad diaria. Peor todavía si la enfermedad y la muerte nos rodean afectando a un gran número de personas, algunas muy cercanas, y amenazando con llamar también a nuestra propia puerta. Si además el origen de este mal (todavía) no está claro, y el final tampoco, y si cada día escuchamos noticias que contradicen lo dicho la jornada anterior, es muy fácil que la confusión, el desánimo y hasta el miedo lleguen a tiranizar nuestra vida. ¿Quién puede así acostarse en paz?

¿Cuarenta reflexiones esperanzadoras? ¿Puede acaso la reflexión darnos esperanza?

Reflexionar es algo muy honesto pero, desde luego, no cualquier reflexión produce esperanza. Reflexionar sin rumbo, dejando que nuestra cabeza divague a través de los diferentes acontecimientos que nos rodean, permitiendo que nos domine cualquier idea gestada por la información torcida que nos llega, o por nuestras propias conclusiones, eso ciertamente no nos dará la paz deseada. Una vez más, la respuesta está en la Biblia. A grandes males, grandes remedios. Hoy, más que nunca, es tiempo de reflexionar en lo que Dios dice acerca de nuestras realidades diarias.

Así que, aunque reflexionar es lo más decente que podemos hacer, no se trata de reflexionar cuarenta veces acerca de cualquier teoría. Tampoco son cuarenta conjeturas sobre las que reflexionar, ni es un intento de autoayuda o un análisis humano sobre cuarenta temas profundos, porque eso sería un tiro al aire, más de lo mismo. Se trata de una invitación a reflexionar sobre lo que la Biblia, la maravillosa Palabra de Dios, el único fundamento estable en la tormenta, nos dice. Una invitación a leer aquello que Dios mismo dice acerca de nosotros. ¿Habrá una recomendación más sensata?

Este libro nace en medio de una pandemia porque ser capaz de descansar por la noche sin temor al futuro es un regalo. Porque ahora, como en cualquier otro tiempo, la respuesta a todos nuestros interrogantes sigue estando en la roca, la extraordinaria Palabra de Dios. Y porque solo si nuestra casa está bien cimentada podremos acostarnos en paz y dormir como el pajarito en el nido.

Gracias por ayudarnos, Juan.

Marcos Vidal

INTRODUCCIÓN

Los números tienen, a lo largo de toda la Biblia, una carga espiritual que va más allá de la cantidad que nos indican, y si hay un número que tiene un significado realmente especial, ese es el cuarenta.

El número 40 aparece en la Biblia en más de cien ocasiones, y la mayoría de ellas con un significado muy importante y clarificador para cada una de las narraciones en las que se usa, como en el relato del diluvio (Génesis 7) o la edad de Isaac al casarse con Rebeca (Génesis 24).

Para Moisés este número es mucho más que significativo, ya que su vida se divide en bloques de cuarenta años: cuarenta como príncipe de Egipto, cuarenta como pastor de ovejas en el desierto y cuarenta guiando al pueblo por el desierto camino a la tierra prometida, además de cuarenta días en el monte Sinaí en la presencia de Dios antes de bajar con los mandamientos (ver Deuteronomio). Los doce espías de Israel, entre los que se encontraban Josué y Caleb, exploraron la tierra prometida durante cuarenta días (Números 13:25). Los que merecían ser castigados por infringir la ley, no debían recibir más de cuarenta latigazos (Deuteronomio 25:3). El gigante Goliat desafió al pueblo de Israel durante cuarenta días hasta que fue vencido por David (1 Samuel 17:16). David reinó cuarenta años (1 Reyes

2:11), el mismo tiempo que su antecesor Saúl (Hechos 13:21) y que su hijo Salomón (1 Reyes 11:42). Elías pasó cuarenta días en ayunas en el desierto hasta encontrarse con Dios en el monte Horeb (1 Reyes 19:8). Jonás anunció que Nínive sería destruida en cuarenta días si no se arrepentía de sus pecados (Jonás 3:4).

Ya en el Nuevo Testamento, Jesús fue presentado por José y María en el templo a los cuarenta días de su nacimiento (Lucas 2:22), tal como mandaba la ley (Levítico 12), y pasó cuarenta días en el desierto cuando fue tentado por el diablo (Mateo 4:2). Después de su resurrección, Jesús pasó con sus discípulos cuarenta días (Hechos 1:3) antes de subir a los cielos.

Como podemos ver, el 40 es uno de los números más importantes en las Escrituras, y siempre que aparece podemos relacionarlo con tiempos de pruebas o dificultades, cuando los personajes bíblicos más necesitan acercarse a Dios para superar esos momentos y encontrar la paz y el sosiego que solo Dios puede dar.

Este es el motivo principal por el que este libro contiene 40 reflexiones esperanzadoras, porque están directamente relacionadas con los episodios que encontramos en la Palabra y con los que no solo podemos identificarnos, sino que cuando nos acerquemos a ellos, encontraremos esas palabras esperanzadoras en medio de las crisis y las pruebas por las que nos toque pasar en esta vida.

Cuando estábamos revisando el texto, mi editora me comentó que el versículo al que hace referencia el título no contenía la «y». El Salmo 4:8 dice: «En paz me acostaré y dormiré, porque solo tú, oh Señor, me mantendrás a salvo». Sin embargo, desde el primer momento en mi interior sentía que el libro debía llamarse *Y en paz me acostaré*, porque ese es el punto final del día, y al final de todo lo que haya sucedido hoy, en paz me acostaré. En todo lo que pase buscaré la guía del Señor, buscaré su consuelo y su paz, además de su perdón y misericordia.

El inicio del año 2020 ha venido como una tormenta, una tempestad que ha llegado al mundo entero en forma de pandemia, una situación en la que, por primera vez en esta generación, toda la humanidad está en medio de una crisis de la que todavía no vemos el final. Y no solo eso, sino que en estos momentos, y no meramente por esta circunstancia, muchos de nosotros vamos a enfrentarnos a situaciones en las que vamos a sentir que el suelo se tambaleará bajo nuestros pies.

Hay otros momentos en que los problemas y las crisis son consecuencias de nuestras propias decisiones, y aunque las consecuencias nos toque vivirlas por nuestras propias acciones, no deja de ser doloroso, y más necesario si cabe, salir adelante.

Es en estos momentos en los que más vamos a necesitar unas palabras que nos den esperanza, que nos traigan paz y serenidad; en definitiva, unas palabras que nos pongan delante de Dios tal como somos, desnudos, sin nada que nos disfrace ni nos adorne con cosas que no somos nosotros. Este es el mejor momento que nos da la vida para presentarnos delante de Dios y abrir nuestro corazón, encontrando esperanza en el único que puede dárnosla.

UNO

Y EN PAZ ME ACOSTARÉ

(Salmo 4:6-8)

De la misma manera que el 11S afectó a la seguridad en todo el mundo y cambió la manera de funcionar de todos los aeropuertos, puertos y fronteras en el mundo, la COVID-19 va a cambiar muchísimas cosas en nuestra vida diaria: en la gestión de las crisis, en el funcionamiento de los hospitales, en la manera en que las familias van a prepararse ante las posibles eventualidades, la gestión de las empresas, el teletrabajo, la gestión de la higiene en casa y fuera de casa…

Si todo continúa como hasta ahora, la tendencia que ya habíamos visto en los últimos años en cuanto al crecimiento de la venta *online* en detrimento de la venta en los puntos físicos se disparará, y ciertos comercios tenderán a ser *showrooms* y potenciarán su venta *online*.

Los bancos empujarán cada vez más la utilización de los medios electrónicos de pago, y poco a poco iremos viendo cómo desaparece el dinero físico (de hecho, cada vez hay más comercios que solo aceptan el pago electrónico).

Crecerá la experiencia culinaria en casa, grandes restaurantes crearán menús para que los puedas degustar en casa con los tuyos, dándose alternativas diferentes, como que los mismos chefs se desplacen a cocinar en eventos privados y, en vez de hacer que nos acerquemos a sus establecimientos, traerán su arte culinario a nuestros hogares y celebraciones, aportando experiencias diferentes para disfrutar de sus aportaciones al mundo de la cocina.

El cine ya había empezado a ver cómo las plataformas de *streaming* (como Netflix, HBO o Disney) se hacían cada vez más importantes, y cada vez habrá más compañías cinematográficas que consideren estos canales como modelos de negocio desde el inicio de los proyectos. También empezaremos a ver cómo los premios más importantes de la industria del cine incluyen los éxitos de estas plataformas, y hasta los más puristas de dicha industria empezarán a aceptar este modelo que, hasta ahora, muchos no se han tomado en serio.

Cada vez valoraremos más el turismo rural y los pequeños lugares, y huiremos de los grandes hoteles, de los cruceros y de la masificación. Lo reducido será lo que nos dé más seguridad, frente a las grandes aglomeraciones, lo que hará que la industria del turismo también se reinvente, ofreciendo ofertas hechas «más a medida» y promoviendo experiencias más personalizadas, y haciendo que las instalaciones como hoteles, cruceros o resorts se adapten a la nueva realidad y a la nueva demanda.

Esta reflexión es solo un pequeño punto de partida para decirte, para decirnos, que no podemos permitirnos el lujo de dejar que esta experiencia tan dura y excepcional pase por nuestras vidas sin hacer que nos planteemos nuestra forma de vivir. Que nos haga tan solo un poco mejores, que nos obligue a repensarnos y reinventarnos.

Que a pesar de que todo esto nos dé vértigo, seamos conscientes de que es una gran oportunidad para encontrar y descubrir opciones que, hasta ahora, quizás por las prisas y agobios del día a día, no habíamos podido ver y, mucho menos, valorar.

Que nos empuje a mirar a las personas de una manera diferente, que nos haga valorar más las vivencias que las cosas, que amemos más a las personas que a las pertenencias. Que el prójimo sea importante, que demos espacio al otro en nuestra vida y sepamos valorar un abrazo como no lo habíamos hecho hasta ahora. Que pongamos en su correcta escala de valores las cosas que antes nos daban seguridad (dinero, trabajo, pertenencias, posición social...) y reordenemos nuestras prioridades. Que empecemos a mirar más al cielo y menos al bolsillo. Que abramos nuestro corazón a la posibilidad de que hay algo más allá de lo que vemos y comprendemos, que le puede añadir sentido a nuestras vidas. Que le demos la oportunidad a Dios de demostrarnos que siempre ha estado ahí, aunque todavía no le hayamos dado la opción de ser real.

En fin, que seamos valientes para asumir que solos no podemos, que no somos todopoderosos y autosuficientes. Y que aunque todo ha cambiado, el conocido dicho «Cualquier tiempo pasado fue mejor» no solo no es cierto, sino que lo que viene por delante puede ser increíble y maravilloso porque habremos aprendido de todo lo que ha sucedido.

En definitiva, que reconozcamos que nos necesitamos y que le necesitamos.

Lectura bíblica

Muchos dicen: «¿Quién nos mostrará tiempos mejores?».
Haz que tu rostro nos sonría, oh Señor.
Me has dado más alegría
que los que tienen cosechas abundantes de grano y de
    vino nuevo.
En paz me acostaré y dormiré,
porque solo tú, oh Señor, me mantendrás a salvo.
    (Salmo 4:6-8)

Oración

Señor, muchas gracias por todo lo que hemos aprendido en esta crisis. Gracias, Señor, por las personas que has puesto a nuestro lado, porque son muchísimo más valiosas que las cosas que poseemos o que anhelábamos poseer. Gracias, Señor, por tu protección en medio de los problemas, porque nos das paz en medio de la oscuridad de la noche. Amén.

DOS

CUANDO TODO SE DETIENE

(Salmo 46)

Durante los últimos años, mi vida ha discurrido entre aviones, trenes y coches. Por mi trabajo en el sector editorial, en los últimos diecisiete años he viajado una media de seis veces al año entre Europa y América, y a esto tenemos que sumar los viajes por Europa y España, lo que al final de cada año supone una media de noventa noches al año fuera de casa.

Casi tres meses al año me ha tocado estar fuera de casa, lo que a priori parece muchísimo. Sin embargo, al hacerlo de forma repartida, la media de tiempo que paso fuera de casa es de una semana al mes, lo que hace más sencilla toda la logística familiar y de trabajo.

Antes de concluir un viaje ya tengo los billetes para el siguiente, y a lo largo del tiempo he perfeccionado una lista de hoteles de confianza en las diferentes ciudades donde viajo con regularidad.

En todos estos años viajando también he ido haciendo una lista de restaurantes donde me gusta comer en cada uno de los países que he visitado, y por supuesto una serie de platos que no puedo dejar pasar cada vez que visito estos lugares: ceviche en Lima, sopa de tortilla y tacos en México, sancocho y ajiaco en Bogotá y Cali, asado en Buenos Aires, comida cubana en Miami (sí, la comida cubana en Miami es maravillosa)... y así un montón de cosas diferentes en un montón de destinos distintos, porque «Allí donde fueres haz lo que vieres».

A todo este trajín tenemos que añadir que somos una familia muy viajera. Todos en casa somos muy aventureros, nos encanta conocer nuevas culturas, pueblos y ciudades. Somos inquietos por definición. Y todo esto ha sido así durante los últimos diecisiete años.

Entonces, de repente, llega la COVID-19 y todo se detiene. Se acaban los viajes, las reuniones, los proyectos, el descubrir nuevas ciudades, nuevos restaurantes... Todo se para y tenemos que quedarnos en casa.

Estas pocas líneas explican cómo se ha detenido mi vida en el último mes y medio, y a fecha de hoy aún no sabemos cuándo todo arrancará de nuevo, lo que añade el factor de la incertidumbre a la situación que vivimos. Sin embargo, cuando dejamos de mirarnos a nosotros y nuestras circunstancias, podemos ver que no somos los únicos que hemos tenido que parar de golpe nuestras vidas en alguna ocasión.

Palabras como cáncer, ictus, despido, divorcio, aborto, muerte, accidente, cambio de ciudad... han traído a muchísimas personas una parada no planeada que en casi todos los casos viene acompañada de la incertidumbre, el miedo y la desesperación.

Estas palabras dan nombre a vivencias que hacen que nuestras vidas paren de repente. Sin haberlo planeado, todos nuestros proyectos, que ya teníamos organizados y planificados, y los anhelos y sueños que anidaban en nuestra mente y corazón se detienen, y lo hacen sin fecha de reinicio.

Muchas de las personas que pasan por estas experiencias a lo largo de su vida comparten la misma sensación: el suelo se tambalea debajo de sus pies. Todo lo que nos daba seguridad desaparece y dejamos de tener suelo firme bajo nuestros pies donde afianzar nuestros pasos. Y finalmente llega la desesperación. Y aunque la desesperación es un sentimiento natural y legítimo en esos primeros momentos de incertidumbre, para salir adelante tenemos que recuperar la calma para poder avanzar y afrontar el futuro.

Es por eso que me encanta el Salmo 46. En este salmo se describen de una manera magistral las diferentes etapas que vivimos cuando todo se detiene, y nos da las pautas para que, mirando en la dirección adecuada, podamos seguir adelante y avanzando con nuestras vidas.

Las primeras palabras de este salmo nos dicen que «Dios es nuestro refugio y nuestra fuerza; siempre está dispuesto a ayudar en tiempos de dificultad». Estas palabras nos enseñan dos verdades absolutas que nos dan muchísima paz. La primera es que Dios no solo no nos abandona, sino que es nuestro refugio, donde podemos descansar en medio de la tormenta. Y la segunda es que, además, es nuestra fuerza y nos ayuda a sobrevivir a la tormenta. También nos dice que los tiempos de dificultad están ahí, no son nada que no debamos esperar porque forman parte de la vida; por lo tanto, no debemos dar lugar a la desesperación ante algo que forma parte intrínseca de la vida.

La imagen del refugio me evoca esas pequeñas construcciones que hay en medio de las montañas y que los pastores, ganaderos o montañeros preparan cuando hace buen tiempo para que cuando lleguen las tormentas tengan donde refugiarse.

Si cultivamos una relación con Dios en el día a día, cuando llegan las circunstancias que nos hacen parar de repente, de las que hemos hablado unas líneas más arriba, tendremos un lugar donde descansar y sentirnos seguros, en la presencia de Dios.

El autor del salmo nos describe terremotos, tormentas e inundaciones, pero también caos políticos y países que se vienen abajo. Entonces el salmista dice unas palabras que detienen el tiempo y todo lo que pasa a nuestro alrededor, y nos reenfoca para que prestemos atención a lo que de verdad es importante y vital:

«¡Quédense quietos y sepan que yo soy Dios!
Toda nación me honrará.
Seré honrado en el mundo entero».
El Señor de los Ejércitos Celestiales está entre nosotros;
el Dios de Israel es nuestra fortaleza.
(Salmo 46:10-11)

Entonces, en medio de todo el caos, Dios nos dice que nos calmemos y que sepamos que él es Dios y que es nuestra fortaleza. Unas palabras que nos dan paz y tranquilidad ante todo aquello que nosotros, con nuestras propias fuerzas, no podemos cambiar, pero que no está por encima del poder y del control de Dios.

Te invito a que leas este salmo y experimentes esa paz en medio de la tormenta, en medio de esa circunstancia, sea cual sea, que ha detenido tu vida de repente. Nada queda fuera del control de Dios. Tengamos calma y llenemos nuestro corazón y nuestra alma de la paz que solo Dios nos puede dar.

Lectura bíblica

Dios es nuestro refugio y nuestra fuerza;
> siempre está dispuesto a ayudar en tiempos de
> dificultad.
Por lo tanto, no temeremos cuando vengan terremotos
> y las montañas se derrumben en el mar.
¡Que rujan los océanos y hagan espuma!
¡Que tiemblen las montañas mientras suben las aguas!
Un río trae gozo a la ciudad de nuestro Dios,
> el hogar sagrado del Altísimo.
Dios habita en esa ciudad; no puede ser destruida;
> en cuanto despunte el día, Dios la protegerá.
¡Las naciones se encuentran en un caos,
> y sus reinos se desmoronan!
¡La voz de Dios truena,
> y la tierra se derrite!
El Señor de los Ejércitos Celestiales está entre nosotros;
> el Dios de Israel es nuestra fortaleza.
Vengan, vean las obras gloriosas del Señor:
> miren cómo trae destrucción sobre el mundo.
Él hace cesar las guerras en toda la tierra;
> quiebra el arco y rompe la lanza
> y quema con fuego los escudos.

«¡Quédense quietos y sepan que yo soy Dios!
Toda nación me honrará.
Seré honrado en el mundo entero».
El Señor de los Ejércitos Celestiales está entre nosotros;
    el Dios de Israel es nuestra fortaleza.
    (Salmo 46)

Oración

Señor y Padre, te pido que en medio de la tormenta me des tu paz. Que ante las situaciones que no puedo controlar, traigas a mi mente las palabras del salmista y recuerde y viva sabiendo que tú eres mi refugio y fortaleza. Que sepa vivir en tu paz ante todo lo que sucede en mi vida y en medio de este mundo. Gracias por tu fidelidad infinita y por tu cuidado. Amén.

TRES

EN LA CASILLA DE SALIDA

(Josué 1)

En casa nos gustan mucho los juegos de mesa, sobre todo al pequeño de la familia, que es, sin duda alguna, el que más disfruta cuando nos sentamos los cuatro alrededor del parchís, el Monopoli, el Quién es quién o las cartas del Uno. Estoy seguro de que es el más competitivo de la familia, y aunque poco a poco está asumiendo que no puede ganar siempre, aún tiene mucho que aprender y los juegos le ayudan a hacerlo.

En la mayoría de estos juegos nos encontramos varios elementos comunes, como tableros, dados o cartas. Y aunque cada uno tiene sus instrucciones, suelen compartir diferentes normas que hacen más interesante el juego.

Una de las normas o reglas que comparten prácticamente todos los juegos de mesa es la casilla de la muerte que te manda de nuevo a la casilla de salida, o repetir tres veces un seis en el mismo turno si hablamos del parchís. Si tienes la mala suerte de caer en la casilla de la muerte, o sacas tres veces un seis, te toca empezar de nuevo mientras el resto de los jugadores continúan avanzando en sus respectivas partidas.

La mayoría de estos juegos tienen una analogía directa con la vida real, y en este caso también hay una similitud con muchas situaciones de la vida que nos mandan de nuevo a la casilla de salida.

Estar en la casilla de salida supone empezar la vida de nuevo de una manera diferente a la que estábamos viviendo y, además, hacerlo de manera totalmente involuntaria. Ha llegado una situación a nuestra vida que no hemos elegido y que nos hace cambiarlo todo, mientras que la mayoría de las personas que viven a nuestro alrededor continúan con sus vidas intactas.

Estoy seguro de que muchos de nosotros, en un momento u otro de la vida, nos hemos visto obligados a volver a la casilla de salida sin haberlo pedido o planeado. Y aunque el resultado de caer en esa casilla sea el mismo, empezar de nuevo, cada uno tenemos nuestra casilla particular y solo nosotros podemos ponerle nombre.

Un despido inesperado, el divorcio después del fracaso, la muerte de un ser querido, una enfermedad que llega sin avisar, o peor aún, la enfermedad de un hijo o una hija, la obligación de emigrar y dejar atrás tu país y a los tuyos, un accidente que te deja postrado en una silla o en una cama… Y así podríamos seguir enumerando las casillas en las que cada uno de nosotros hemos caído y que nos obligan a empezar de nuevo.

La casilla en la que yo caí y que me llevó a empezar de nuevo tenía el nombre de linfoma de Hodgkin. Lo que empezó como unas fiebres muy altas cuando apenas iba a cumplir los 20 años derivó en un diagnóstico de un cáncer en estadio 3. En ese momento estaba estudiando Ciencias Empresariales en la universidad, jugaba al *rugby* a nivel profesional y al baloncesto como afición (algo que a mis casi 46 no he dejado del todo). Para resumir te contaré que después de pasar cuatro veces por el quirófano y de dos años de quimioterapia, en la primavera de mi 22 cumpleaños empecé a ver la luz y la nueva casilla de salida. Mi vida había cambiado por completo. Muchas de las cosas que hacía iba a tardar bastante tiempo en recuperarlas, y otras muchas no volverían jamás. Te recuerdo que hace 25 años la medicina no era como ahora, y los efectos secundarios de los tratamientos químicos durante dos años hicieron mella en mí.

Lo único certero en ese momento es que tenía por delante el resto de mi vida y no tenía ni idea de cómo enfocarla.

Si hay algo que compartimos los que hemos tenido que volver a esa primera casilla de salida es que esta llega sin libro de instrucciones, y las que habías aprendido para tu vida anterior es muy posible que ya no te sirvan. Nos enfrentamos al futuro con un altísimo grado de incertidumbre, sin saber cómo vamos a afrontar lo que viene. Y en mi caso, con el temor de que el cáncer podía volver a aparecer.

En medio de toda esta situación, y aunque yo era creyente desde los 14 años, mi abuela me hizo redescubrir un personaje bíblico que se convirtió en esencial para mi vida desde ese momento. Al poco tiempo de salir del hospital mi abuela compró en la librería de la iglesia una Biblia de letra grande y me regaló la suya «porque ya no la podía leer». Antes de dármela había sacado todos los recuerdos, postales y fotografías que guardaba entre sus páginas. Todos menos uno, que os puedo asegurar que no olvidó, sino que dejó allí de manera premeditada. Ese papel contenía unas pocas letras: «Josué 1:3-9».

En esas pocas líneas Josué estaba recibiendo una promesa por parte de Dios para la nueva etapa en su vida como líder del pueblo de Israel: la promesa de que Dios no lo iba a abandonar jamás. Dios lo acompañaría en todo momento, fuera donde fuera, en la misión que Dios le estaba encomendando; él caminaría junto a Josué. Pareciera que estas mismas palabras Dios me las estaba diciendo a mí personalmente, y estoy seguro de que esta promesa también es para ti.

Solo había una condición, que además era una instrucción:

«Sé fuerte y muy valiente. Ten cuidado de obedecer todas las instrucciones que Moisés te dio. No te desvíes de ellas ni a la derecha ni a la izquierda. Entonces te irá bien en todo lo que hagas. Estudia constantemente este libro de instrucción. Medita en él de día y de noche para asegurarte de obedecer todo lo que allí está escrito. Solamente entonces prosperarás y te irá bien en todo lo que hagas».

(Josué 1:7-8)

Que Josué tuviera éxito en su nueva vida como líder del pueblo estaba directamente relacionado con que estudiara, meditara y obedeciera el libro de instrucciones que Moisés le había entregado, esto es, el Pentateuco, los primeros cinco libros de la Biblia (donde se narra desde la intervención de Dios en la creación, la historia de la caída, el diluvio, la historia de los padres de la iglesia y cómo llegó el pueblo a Egipto de mano de José, la posterior esclavitud y la liberación de la mano de Moisés, la ley que Dios entregó al pueblo en forma de mandamientos y todos los decretos para que el pueblo conviviera en el desierto).

En ese momento entendí que en la nueva oportunidad que Dios me estaba dando de empezar mi vida de cero a los 22 años de edad, después de ayudarme a superar ese cáncer, Dios mismo me hacía la misma promesa que Josué había recibido. La Palabra de Dios iba a convertirse en mi guía, la estudiaría (ejercicio intelectual), meditaría en ella (ejercicio espiritual) y la obedecería (ponerla en práctica).

No sé la casilla en la que te ha tocado caer, esa que te ha hecho empezar de cero. Pero sí sé que esta puede ser una oportunidad para hacer las cosas de otra manera, y que la llegada de esa situación a tu vida, por dolorosa que sea, te está dando la ocasión para empezar de una manera distinta tu vida y, por consiguiente, la de las personas con quienes la compartes.

Te invito a que leas este texto y reflexiones acerca de cómo puede ser el resto de tu vida si dejas que Dios tome su lugar y le buscas diariamente a través de su Palabra.

Lectura bíblica

«Te prometo a ti lo mismo que le prometí a Moisés:
"Dondequiera que pongan los pies los israelitas, estarán
pisando la tierra que les he dado: desde el desierto del Neguev,
al sur, hasta las montañas del Líbano, al norte; desde el río
Éufrates, al oriente, hasta el mar Mediterráneo, al occidente,
incluida toda la tierra de los hititas". Nadie podrá hacerte
frente mientras vivas. Pues yo estaré contigo como estuve con
Moisés. No te fallaré ni te abandonaré. Sé fuerte y valiente,
porque tú serás quien guíe a este pueblo para que tome
posesión de toda la tierra que juré a sus antepasados que
les daría. Sé fuerte y muy valiente. Ten cuidado de obedecer
todas las instrucciones que Moisés te dio. No te desvíes de
ellas ni a la derecha ni a la izquierda. Entonces te irá bien
en todo lo que hagas. Estudia constantemente este libro de
instrucción. Medita en él de día y de noche para asegurarte
de obedecer todo lo que allí está escrito. Solamente entonces
prosperarás y te irá bien en todo lo que hagas. Mi mandato es:
"¡Sé fuerte y valiente! No tengas miedo ni te desanimes, porque
el Señor tu Dios está contigo dondequiera que vayas"».

(Josué 1:3-9)

Oración

Señor, en medio del dolor que he pasado (o todavía estoy
pasando) por las circunstancias que han venido a mi vida,
quiero usar estos acontecimientos para empezar de cero
mi vida junto a ti. Quiero estudiar, meditar y obedecer tu
Palabra cada día de mi vida, y así conocerte más a ti y
tus caminos. Gracias por esta oportunidad en medio de la
dificultad. Gracias por tu fidelidad. Amén.

CUATRO

¿QUIÉN ME HA ROBADO EL MES DE ABRIL?

(Juan 15:9-17)

«¿Quién me ha robado el mes de abril?», se preguntaba el maestro Joaquín Sabina en una de sus más conocidas canciones.

Muchos de nosotros compartimos esa misma sensación cuando miramos los pasados meses de marzo y abril, y posiblemente mayo, dada la situación que estamos viviendo a nivel mundial con la COVID-19. Ya ni nos acordamos de los primeros días del mes de marzo porque, a medida que pasan las semanas de esta cuarentena, nuestra memoria más cercana va desapareciendo poco a poco.

Hace un par de días, un buen amigo escribía en su cuenta de Twitter: «Quiero volver al 24 de diciembre», y conseguía cientos de «me gusta», evidenciando que a muchos nos gustaría volver atrás en el tiempo y poder besar, abrazar y celebrar a los que más queremos y con quienes ahora no podemos estar.

Estoy seguro de que el que más y el que menos está empezando a valorar dos de las cosas más sencillas y más esenciales de la vida: un abrazo y un beso.

Pienso en mis padres y en mis hermanos, que llevan toda la cuarentena sin abrazar a sus hijos y nietos, y aunque nos veamos a menudo en la pantalla del teléfono, todavía la tecnología no nos permite abrazar y besar en la distancia.

Pienso en todas las personas solas que no tienen a los suyos cerca. En los que están en los hospitales, donde la vida se les escapa por segundos y donde la mano de un ángel (personal sanitario de todos los ámbitos) suple las manos de sus parejas, hijos o nietos.

Así que cuando pienso en las encuestas que me llegan por las redes sociales cada día, preguntándome lo primero que haré cuando termine la cuarentena, mi primera respuesta es abrazar y besar. Abrazar y besar a las personas a las que amo y que tengo lejos, porque aunque tengo a mi familia a mi lado, hay otra familia a la que no puedo tener aquí. Voy a invertir mi tiempo en las personas, voy a dedicarme a disfrutar de la gente porque son el regalo más maravilloso que Dios nos ha dado en esta tierra.

Desde bien pequeños les hemos enseñado a nuestros hijos que «las personas siempre son más importantes que las cosas». Ahora estas palabras toman un nuevo sentido.

Jamás significó tanto compartir un café o un té con mis hermanos, con mis amigos, mientras disfrutábamos de ver a nuestros hijos correr juntos en el parque.

La Biblia dice que «No hay un amor más grande que el dar la vida por los amigos». Nuestra vida es nuestro tiempo, mi tiempo es mi vida. Cuando empleo tiempo en los demás les estoy dando parte de mi vida, y no hay muestra mayor de amor que el dar la vida por los demás, dar mi tiempo a los demás.

En estos días estamos aprendiendo mucho, y estoy seguro de que cuando salgamos de esto seremos mejores personas y pondremos en valor lo que de verdad vale la pena. Y lo que de verdad tiene valor son las personas.

Cuando nos devuelvan los meses de marzo, abril y quién sabe si mayo, recuperemos los abrazos que debemos y nos deben.

Lectura bíblica

«Yo los he amado a ustedes tanto como el Padre me ha amado a mí. Permanezcan en mi amor. Cuando obedecen mis mandamientos, permanecen en mi amor, así como yo obedezco los mandamientos de mi Padre y permanezco en su amor. Les he dicho estas cosas para que se llenen de mi gozo; así es, desbordarán de gozo. Este es mi mandamiento: ámense unos a otros de la misma manera en que yo los he amado. No hay un amor más grande que el dar la vida por los amigos. Ustedes son mis amigos si hacen lo que yo les mando. Ya no los llamo esclavos, porque el amo no confía sus asuntos a los esclavos. Ustedes ahora son mis amigos, porque les he contado todo lo que el Padre me dijo. Ustedes no me eligieron a mí, yo los elegí a ustedes. Les encargué que vayan y produzcan frutos duraderos, así el Padre les dará todo lo que pidan en mi nombre. Este es mi mandato: ámense unos a otros».

(Juan 15:9-17)

Oración

Señor y Padre, en este día te quiero dar gracias por cada una de las personas que has puesto en mi vida, por mi familia pero también por mis amigos y mis compañeros. Te ruego que los guardes cada día de sus vidas, que los prosperes y los bendigas y que nos des muchas oportunidades de compartir momentos especiales. Amén.

CINCO

FRENTE AL ABISMO

(Salmo 25:16-22)

Dice la leyenda que Edward A. Murphy Jr., frustrado por los errores que constantemente cometía su ayudante en la colocación de unos electrodos que debían medir la fuerza en unos arneses que iban a usarse en unos cohetes sobre raíles de la fuerza aérea de Estados Unidos, dijo lo siguiente refiriéndose a su ayudante de forma despectiva: «Si hay alguna manera de hacer las cosas mal, él la encontrará». Esto fue en el año 1949. Entre las bromas de los compañeros de investigación, así como las variaciones de la famosa frase, la célebre ley de Murphy que dice que «si algo puede salir mal, saldrá mal» ha pasado a la posteridad, y Murphy se ha hecho muy famoso por ello.

La realidad es que esta frase, que apunta al pesimismo y a enfatizar todo lo que va mal, la hemos adaptado a cualquier área de nuestra vida, y estoy seguro de que muchos de nosotros la hemos utilizado en más de una ocasión.

Todos hemos tenido la sensación de que los problemas y las cosas que salían mal no venían nunca solos. Recuerdo que, más o menos diez años después de casarnos, a mi esposa y a mí se nos estropeó la lavadora. Era la segunda que teníamos porque en los primeros años de vivir en nuestro apartamento habíamos tenido muchos problemas con la cal del agua, y hasta que invertimos en poner una depuradora y un descalcificador en el edificio, sufrimos mucho con la cal. El tema es que la segunda lavadora llegaba a su fin. Un par de días después, cuando todavía no habíamos tenido tiempo de comprar una nueva, el que dijo basta fue el microondas, y no recuerdo bien si fue el mismo día, o un día después, la cafetera también murió. «Si algo más podía romperse, se rompería».

En casa recordamos ese momento con cierta simpatía, porque la verdad es que los electrodomésticos tienen una vida limitada, y si los compras todos al mismo tiempo es probable que muchos terminen sus días más o menos a la vez.

Hace tres años tuvimos uno de los veranos más complicados para nuestra familia. En el plazo de unos meses murieron dos hermanos de mi madre, con diez días de diferencia, y un hermano de mi padre. Los tres, que habían sido amigos desde bien jóvenes, rondaban los 70 años de edad, pero estaban activos y tenían una buena vida con sus hijos y nietos. El cáncer se los llevó con muy poco tiempo de diferencia. Recuerdo cómo el resto de la familia que ya estaba en esa edad meditaban en silencio acerca de sus propias vidas, porque en su mente estaba la posibilidad de ser los siguientes de la lista. Mi padre lo pasó especialmente mal porque uno de ellos era su hermano, y los otros dos (además de ser hermanos de su esposa) eran sus amigos.

No sé si en otros lugares se dice igual que en España que «las desgracias nunca llegan solas», pero lo que sí es cierto es que cuando estamos en medio de una situación complicada, hay veces que solo alcanzamos a ver las cosas negativas, los problemas, las desgracias, que se hacen más evidentes porque ocupan todos nuestros pensamientos. Y todo esto independientemente de si son situaciones que trae la vida o si son situaciones provocadas por nuestras acciones y decisiones, porque ambas circunstancias nos provocan dolor.

Hace muchos años, el rey David se sentía exactamente como acabamos de describir. Vivía en soledad su angustia y sus problemas, y tenía la sensación de que todas las cosas iban de mal en peor. David estaba experimentando lo mismo que tú y yo hemos experimentado en algunas circunstancias de nuestra vida, la soledad en medio de los problemas, cómo todo lo malo parece multiplicarse y no vemos luz en el horizonte.

Sin embargo, hay algo que me encanta del rey David, y me gustaría que te tomaras unos minutos para reflexionar en ello.

David, justo después de reconocer la situación en la que está y de afirmar delante de Dios que esos eran *sus problemas*, lo que nos lleva a pensar que no eran infortunios de la vida o injusticias sino consecuencias de sus acciones, lo que hace es pedir perdón por sus pecados, mirar al cielo, buscar a Dios y clamarle por todo lo que está viviendo.

Clama perdón y pide protección, para él y para Israel, para después confesar que toda su esperanza está en Dios.

Querido amigo o amiga, hay muchas ocasiones en las que, seamos o no responsables de lo que pasa a nuestro alrededor, no tenemos manera humana de resolverlo con nuestras propias fuerzas. Hay problemas que nos sobrepasan, y lo único que está en nuestras manos es ponernos de rodillas, buscar a Dios y clamar por su perdón, ayuda, guía y consuelo. Cuando hacemos esto nuestra alma descansa, porque todo lo que entristecía nuestro corazón y a lo que no veíamos salida, ya no lo estamos cargando solos, Dios está con nosotros.

Sé que estas palabras pueden parecer simples y gratuitas cuando estás en medio de las dificultades, pero te aseguro que si levantas esta oración con fe, Dios estará a tu lado. Él es fiel a sus promesas, y a lo largo de toda la Biblia nos muestra su amor y misericordia por nosotros. Acompáñame ahora en la lectura de este salmo del rey David y oremos juntos.

Lectura bíblica

Vuélvete a mí y ten misericordia de mí,
    porque estoy solo y profundamente angustiado.
Mis problemas van de mal en peor,
    ¡oh, líbrame de todos ellos!
Siente mi dolor, considera mis dificultades
    y perdona todos mis pecados.
Mira cuántos enemigos tengo,
    ¡y de qué manera despiadada me odian!
¡Protégeme! ¡Rescata mi vida de sus manos!
No permitas que me avergüencen, pues yo en ti me refugio.

Que la integridad y la honestidad me protejan,
    porque en ti pongo mi esperanza.
Oh Dios, rescata a Israel
    de todos sus problemas.
    (Salmo 25:16-22)

Oración

Señor, vengo a tu presencia en estos momentos para traer
delante de ti todas estas cosas que están angustiándome
y quitándome la paz. Te ruego que me perdones los
pecados y me ayudes con todo esto, porque solo no puedo.
Descanso en tu amor y misericordia, y te ruego que guíes
mi vida por tus sendas. Amén.

SEIS

¿ANGUSTIA EN LA SOLEDAD?

(Salmo 23)

A lo largo de los años he viajado mucho, sobre todo por América y Europa. La mayoría de los viajes son por cuestiones de trabajo, por lo que los hago solo. Viajar solo tiene cosas buenas y cosas no tan buenas. Entre las cosas buenas siempre me gusta destacar el tiempo que paso conmigo mismo, el tiempo que dedico a pensar, las lecturas que puedo adelantar sin que me interrumpan (las nueve horas que paso de media en el avión para cambiar de continente dan para leer mucho) o el trabajo que puedo avanzar al estar en un huso horario diferente, en el que todos duermen en tu casa o en tu oficina. También tiene de positivo que puedo comer cosas que en casa nunca comería, sencillamente porque a mi familia no le gusta la comida picante o los sabores fuertes y exóticos, donde a veces no sabes poner nombre a lo que comes, y a mí sí me gusta probar esos platos.

Lo menos bueno, siempre desde mi punto de vista, es la soledad y el estar lejos de la familia. En cuanto a estar lejos de mi familia, la tecnología ayuda mucho, y cada día nos podemos ver por medio del teléfono. Esto es una bendición, aunque los besos y los abrazos no viajan por las ondas con la misma intensidad. La soledad, sin embargo, es una de las cosas más tristes para mí. Salir a cenar solo, por ejemplo, es terrible. El desayuno o el almuerzo son muy diferentes porque estás en medio de la jornada laboral y tienes que seguir trabajando después, pero la cena es otra historia. Además, si le sumas a eso que los españoles cenamos, por término medio, a eso de las 9 de la noche, y que en América estás cenando entre las 6 y las 7 de la tarde en la mayoría de los países, pues imagina la cantidad de horas que tienes hasta ir a la cama. Ese tiempo solo es lo más triste del viaje.

Ahora bien, esta descripción de la tristeza es ciertamente muy «suave», por decirlo de alguna manera, porque, al fin y al cabo, a los pocos días regreso a casa y tengo a mi familia deseando verme después del viaje, y espero que no sea solo por los regalos.

Sin embargo, hay una soledad que es dura de verdad. Es la soledad de los ancianos que no tienen a nadie o de los que, aunque quizás los tengan, no los visitan ni los cuidan. Es la soledad del enfermo que se enfrenta al quirófano sin una mano conocida cerca. Es la soledad de los que después de todo el día trabajando, llegan a casa y nadie les espera.

Hace unos meses, apareció una noticia en los medios de comunicación en la que se narraba cómo habían encontrado a una persona mayor que había fallecido en casa por causas naturales. Esa persona llevaba muerta ¡cinco años! La policía fue a su casa después de que una sobrina «recordara que hacía mucho que no hablaba con ella». Esta es la descripción de la verdadera soledad.

El profesor Luis Rojas-Marcos decía en una de sus conferencias: «La soledad cuando se está solo es mala, pero la soledad cuando se está rodeado de personas es sencillamente terrible». Y creo que no me equivoco si afirmo que todos nos hemos sentido solos en alguna ocasión, aun estando rodeados de personas.

En los momentos en los que estoy escribiendo estas líneas, estamos confinados en cuarentena por la COVID-19. Llevamos más de un mes sin salir de casa, y los cálculos más optimistas nos pronostican un mes más recluidos. Al mirar las entradas en Twitter, Facebook y otras redes sociales, la queja más repetida es cómo de largo se está haciendo el confinamiento. La soledad es el sentimiento que se ha instalado en la vida de muchas personas, algunas porque viven solas y otras porque se sienten solas aun en compañía.

Hay textos que leo con mucha frecuencia, y creo que no me equivoco si aseguro que este es uno de los cinco textos más conocidos de las Escrituras. El Salmo 23 tiene un poder y una fuerza increíbles. David consiguió vaciarse y abrir su corazón y su alma delante de Dios para reconocer que caminando al lado de Dios lo tiene todo, aun estando solo, porque Dios es su pastor, con todo lo que eso implica: es su protector, su proveedor, su consuelo, su ayuda. En definitiva, Dios es su Salvador.

Me gustaría invitarte a grabar estas palabras en tu corazón para que cuando lleguen esos momentos de soledad, cuando te sientas solo en medio de todo lo que estés viviendo, recuerdes que vales muchísimo para Dios y que él no te deja ni abandona jamás. Cuando lleguen esos momentos de dificultad, Dios te acompañará y no te dejará, y tu descanso en él te ayudará a sentirte mejor.

Lectura bíblica

El Señor es mi pastor;
>tengo todo lo que necesito.
En verdes prados me deja descansar;
>me conduce junto a arroyos tranquilos.
Él renueva mis fuerzas.
Me guía por sendas correctas,
>y así da honra a su nombre.
Aun cuando yo pase
>por el valle más oscuro,
>no temeré,
>porque tú estás a mi lado.
Tu vara y tu cayado
>me protegen y me confortan.
Me preparas un banquete
>en presencia de mis enemigos.
Me honras ungiendo mi cabeza con aceite.
Mi copa se desborda de bendiciones.
Ciertamente tu bondad y tu amor inagotable me seguirán
>todos los días de mi vida,
>y en la casa del Señor viviré
>por siempre.
>(Salmo 23)

Oración

Bendito Dios y Padre, tú conoces mi corazón y sabes cómo me siento, incluso antes de que abra mi corazón ante ti. Te pido que no me dejes nunca, que me guardes y acompañes como lo hiciste con David, y que yo camine cada día junto a ti. Porque mi anhelo es vivir contigo cada día de mi vida. Amén.

SIETE

CUANDO TODO FALTA

(2 Reyes 4:1-7)

Cuando mi esposa y yo nos casamos fuimos a vivir a un apartamento que nos alquiló una hermana de la iglesia. Habíamos comprado sobre plano nuestro propio apartamento, pero la constructora aún tardaría unos dieciocho meses en tenerlo terminado. Cuando pasaron esos dieciocho meses y nos entregaron las llaves, estábamos deseando ir a vivir a nuestra propia casa, y después de un mes de poner todos los servicios en funcionamiento, nos mudamos.

Cuando entramos a vivir solamente teníamos una cama que nos habían regalado mis suegros, una pequeña televisión y un sofá que compramos unos días antes para tener un sitio donde sentarnos. La televisión la pusimos encima de un tablero con unos caballetes que había hecho de mesa en mis años de estudiante. No teníamos nada más, materialmente hablando, pero éramos inmensamente felices. Aún seguimos viviendo en el mismo apartamento, y aunque han pasado diecisiete años y ya no somos dos sino cuatro, seguimos siendo inmensamente felices.

En ese momento sentíamos que lo teníamos todo, y ahora, sobre todo cuando miramos a nuestros hijos, tenemos el mismo sentimiento.

No te voy a engañar, en estos años hemos pasado por muchas y diferentes circunstancias, algunas muy complicadas, que nos han llevado al límite en la cuestión financiera. En esos momentos de dificultad, cuando miras a tu alrededor y ves que no hay manera humana de solventar las circunstancias, que no puedes hacer absolutamente nada para mejorar tu situación, solamente tienes dos opciones.

En los momentos de crisis es muy fácil entrar en un estado de desesperación. La desesperación significa la pérdida total de la esperanza. No hay lugar más sombrío y oscuro para una persona que perder totalmente la esperanza. Desgraciadamente, las situaciones por las que nuestro mundo está pasando nos han hecho más cercana y patente la desesperación. Es la misma desesperanza que personas de otros muchos lugares han estado viviendo durante mucho tiempo y que con la COVID-19 se ha extendido a nivel mundial.

Cada uno de los que leéis estas páginas podríais explicar muchísimas experiencias en las que habéis perdido la esperanza. Todos nosotros nos hemos encontrado en nuestra particular «noche oscura del alma», inmortalmente descrita en el famoso poema de San Juan de la Cruz cuando narra ese viaje desde nuestra humanidad al encuentro de Dios. Tradicionalmente esta expresión se ha relacionado con una crisis espiritual, y la falta total de esperanza es el mejor sinónimo de crisis espiritual.

Sin embargo, ese momento en la vida en el que no vemos una salida viable por nuestras propias fuerzas es el momento idóneo para mirar al cielo y buscar a Dios.

Después de los ataques terroristas del 11S de 2001, sucedió un fenómeno a lo largo de todo Estados Unidos, y es que la gente acudió en masa a las iglesias. La incomprensión de la barbarie terrorista empujó a que millones de personas, presas de la desesperación, acudieran a las iglesias en busca de consuelo, guía, luz y algo a lo que aferrarse en medio de una situación tan incomprensible.

Miramos al cielo cuando no tenemos ningún lugar más donde mirar. ¿Y sabes qué? Que Dios sí tiene respuestas en medio de la desesperación y la soledad.

Quiero compartir contigo la historia de una viuda que, después de perder a su marido, vio cómo la incapacidad de pagar las deudas obligaba a sus hijos a ponerse en las manos de los acreedores. A nadie se le escapa, después de leer esta historia, que «siervos» es un eufemismo para referirse a los esclavos.

Esta mujer buscó a Dios mediante uno de sus siervos, el profeta Eliseo, y a través de él Dios actuó para darle una salida y una esperanza.

Te invito a que leas esta historia porque Dios está esperando a que te acerques a él, y él jamás deja de ayudarnos. No te puedo decir cómo Dios va a ayudarte en medio de tus problemas, pero sí sé que, si clamas al cielo, Dios estará ahí y te mostrará las sendas por las cuales caminar para salir adelante.

Lectura bíblica

Cierto día, la viuda de un miembro del grupo de profetas fue a ver a Eliseo y clamó:

—Mi esposo, quien te servía, ha muerto, y tú sabes cuánto él temía al Señor; pero ahora ha venido un acreedor y me amenaza con llevarse a mis dos hijos como esclavos.

—¿Cómo puedo ayudarte? —preguntó Eliseo—. Dime, ¿qué tienes en tu casa?

—No tengo nada, solo un frasco de aceite de oliva —contestó ella.

Entonces Eliseo le dijo:

—Pídeles a tus amigos y vecinos que te presten todas las jarras vacías que puedan. Luego ve a tu casa con tus hijos y cierra la puerta. Vierte en las jarras el aceite de oliva que tienes en tu frasco y cuando se llenen ponlas a un lado.

Entonces ella hizo lo que se le indicó. Sus hijos le traían las jarras y ella las llenaba una tras otra. ¡Pronto todas las jarras estaban llenas hasta el borde!

—Tráeme otra jarra —le dijo a uno de sus hijos.

—¡Ya no hay más! —le respondió.

Al instante, el aceite de oliva dejó de fluir.

Cuando ella le contó al hombre de Dios lo que había sucedido, él le dijo: «Ahora vende el aceite de oliva y paga tus deudas; tú y tus hijos pueden vivir de lo que sobre».

(2 Reyes 4:1-7)

Oración

Querido Dios y Padre, solo tú conoces lo que hay en mi corazón. En tu inmenso poder y sabiduría, tú conoces nuestros corazones, y en estos momentos quiero poner mi vida en tus manos. Necesito caminar junto a ti y verte en todas las áreas de mi vida. Ayúdame a seguirte y servirte como solo tú mereces. Amén.

OCHO

¿Y CUANDO DEPENDE DE MÍ?

(Efesios 6:10-20)

Jerry West fue uno de los jugadores más importantes de la NBA en los años 60 y 70. West jugó en Los Angeles Lakers durante catorce años y se retiró con un promedio de 27 puntos por partido. Los más jóvenes pensarán que Stephen Curry, Lebron James y, si eres de mi edad, Michael Jordan, Larry Bird o Magic Johnson llegan a esa cifra y la superan con cierta facilidad. Sin embargo, te recuerdo que en la época de West no había línea de 3 puntos.

Jerry West es, a fecha de hoy, el máximo anotador en finales de la NBA, donde promedió 30,5 puntos por partido en los cincuenta y cinco partidos que jugó en las finales, llegando a anotar 1.679 puntos. Hoy por hoy el segundo de la lista es Lebron James, con seis partidos menos y a casi 300 puntos de distancia. West ha sido, hasta la fecha, el único jugador de la NBA declarado el mejor jugador de las finales (MVP) sin ganar esa final.

A estas alturas habrás descubierto que me encanta el baloncesto, y aún a fecha de hoy intento, de vez en cuando, echar unas canastas.

Regresando a Jerry West te contaré una última curiosidad. Este grandísimo jugador disputó ocho finales de la NBA pero solamente ganó una, la penúltima final, que jugó la temporada 71-72.

Jerry marcó un hito en la historia del baloncesto, y fue tan extraordinario que su silueta botando la pelota se convirtió en el logo de la NBA.

Jerry ha pasado a la historia como uno de los jugadores míticos, aunque los números indicaran que solo ganó una vez en ocho finales.

Jerry no jugaba solo, formaba parte de un equipo, y aunque fuera uno de los mejores jugadores de su época, jugaba en un deporte en que la individualidad no era suficiente para ganar: era necesario que todo el equipo colaborara y que juntos fueran superiores al contrario.

Hay ocasiones en las que me he sentido como Jerry: lo he dado todo, me he esforzado al máximo, «he puesto toda la carne en el asador» (como decimos en España) y, aun así, las cosas no han salido bien. Mirando alrededor para intentar ver dónde he fallado para que ese proyecto no tuviera éxito, he llegado a la conclusión de que no todo está en mis manos y de que no soy capaz de controlarlo todo: hay cosas que se escapan de mi control. Y sin embargo, el título de esta reflexión es «¿Y cuando depende de mí?». En principio parecería una contradicción, pero creo que no es así.

En el transcurso de la vida vamos a aprender que hay cosas que deseamos que sucedan que no solo dependen de nosotros y de nuestras fuerzas, o del empeño que podamos poner. Hay factores que se escapan de nuestro control, y ese factor que podríamos llamar incertidumbre, hay ocasiones en las que es demasiado grande y se nos hace cuesta arriba.

Ahora, también a lo largo de la vida, una de las cosas que he aprendido es algo que me decía mi buen amigo David Solà: «El que hace todo lo que puede no está obligado a más. A partir de ahí dejamos las cosas en las manos de Dios». En contra de lo que muchos creen, los cristianos no tenemos un salvoconducto para no pasar por las mismas circunstancias que el resto de los mortales. Pagamos hipoteca, tenemos problemas laborales, nuestras relaciones también pueden romperse y la muerte nos visita igual que a todo el mundo. Si no fuera así, muchos se acercarían a Dios por los beneficios que esta relación podría traerles en materias como las que hemos nombrado. Si los creyentes no tuviéramos que pasar por las mismas circunstancias que el resto de la humanidad, David jamás habría escrito el Salmo 23 ni otros salmos en los que clama a Dios hasta la desesperación.

Sin embargo, algo que sí diferencia al creyente del que no lo es, es la manera en que vive la vida. Los cristianos vivimos la vida sabiendo que no caminamos solos, que Jesús camina junto a nosotros y que no nos deja en ningún momento. Ahora bien, la relación con Jesús es una relación de ida y vuelta. Hasta que nosotros no recorremos todo nuestro camino, Jesús no puede iniciar el suyo. Nosotros tenemos que hacer todo lo que está en nuestra mano para que, después de darlo todo, podamos dejar que el Señor haga su trabajo.

Recuerdo que, en mis años de estudiante, antes de cada examen clamaba al cielo para tener la «bendición divina del aprobado». ¿Sabes lo que descubrí? Que el aprobado solo llegaba cuando había estudiado, y que si yo no hacía mi parte, ¿por qué Dios iba a hacer algo? Si para mí no había sido importante estudiar, ¿por qué para Dios sería importante aprobarme?

Hay unas palabras del apóstol Pablo que desde bien joven me han llamado la atención y me han empujado a «hacer mi parte». En la segunda mitad del capítulo 6 de la carta a los Efesios, Pablo describe nuestra preparación para enfrentarnos a todo lo que trae la vida, incluyendo los ataques del diablo, como ese momento previo a la batalla en que el soldado (romano, en este caso) se ponía las piezas de la armadura una por una. Pablo relaciona cada una de las piezas de la armadura con una de esas herramientas espirituales que el Señor Jesús nos enseñó en los Evangelios: la verdad, la justicia, la paz, la fe, la oración, la salvación, el Espíritu…

Entonces, cuando te has revestido de esta armadura de Dios, has hecho todo lo que depende de ti. Ya no importan todas esas cosas que no están bajo tu control, porque tú has andado el camino que Dios ha puesto delante de ti. Entonces ya no enfrentas la vida tú solo, sino que lo haces acompañado del Rey de reyes y Señor de señores. Y vivir así hace que vivas de una manera diferente, de una manera victoriosa.

Lectura bíblica

Una palabra final: sean fuertes en el Señor y en su gran poder. Pónganse toda la armadura de Dios para poder mantenerse firmes contra todas las estrategias del diablo. Pues no luchamos contra enemigos de carne y hueso, sino contra gobernadores malignos y autoridades del mundo invisible, contra fuerzas poderosas de este mundo tenebroso y contra espíritus malignos de los lugares celestiales.

Por lo tanto, pónganse todas las piezas de la armadura de Dios para poder resistir al enemigo en el tiempo del mal. Así, después de la batalla, todavía seguirán de pie, firmes. Defiendan su posición, poniéndose el cinturón de la verdad y la coraza de la justicia de Dios. Pónganse como calzado la paz que proviene de la Buena Noticia a fin de estar completamente preparados. Además de todo eso, levanten el escudo de la fe para detener las flechas encendidas del diablo. Pónganse la salvación como casco y tomen la espada del Espíritu, la cual es la palabra de Dios.

Oren en el Espíritu en todo momento y en toda ocasión. Manténganse alerta y sean persistentes en sus oraciones por todos los creyentes en todas partes.

Y oren también por mí. Pídanle a Dios que me dé las palabras adecuadas para poder explicar con valor su misterioso plan: que la Buena Noticia es para judíos y gentiles por igual. Ahora estoy encadenado, pero sigo predicando este mensaje como embajador de Dios. Así que pidan en oración que yo siga hablando de él con valentía, como debo hacerlo.

(Efesios 6:10-20)

Oración

Señor y Padre, te doy las gracias por este día que puedo vivir junto a ti. Gracias porque a pesar de ser consciente de que no lo controlo todo, sé que caminas a mi lado y estás siempre junto a mí. Ayúdame a vivir cada día en tus caminos y, con mi vida, dar testimonio de ti. Amén.

NUEVE

CUANDO NADA TIENE SENTIDO

(Hechos 16:16-40)

Me encanta la música, aunque creo que toda la que escucho es de grupos y cantantes que empezaron antes de 1980. Algunos de los jóvenes de la iglesia que pastoreo, incluida mi hija, se ríen de mí porque para ellos ya soy un «dinosaurio» en estas cuestiones. Sin embargo, creo firmemente que les estoy enseñando más música yo a ellos que ellos a mí (y no sé cómo describir la sonrisa que hay ahora en mis labios: ¿lo hago con palabras o con emojis, que es lo que ellos esperan?).

Uno de estos músicos que escucho con frecuencia es Bob Dylan. Hace unos años Denzel Washington protagonizó la película *The Hurricane* [*Huracán Carter* en España]. Esta película narra la historia de Rubin Carter, un boxeador afroamericano que fue condenado injustamente por triple homicidio en 1966. Un adolescente llamado Lesra Martin conoció la historia de Carter a través de su autobiografía, que escribió en la cárcel, y luchó para que todo el mundo conociera este suceso, que llegó a los oídos de Bob Dylan unos años después y lo convirtió en una fantástica canción, de casi 8 minutos de duración, para explicar la historia de Rubin en 1975. Todo el ruido que consiguieron hacer involucró a muchísima gente, entre ellos a la leyenda del boxeo Muhammad Ali, y consiguieron reabrir el juicio, en el que finalmente se demostraron todas las falsedades y errores que llevaron a Carter a prisión. Rubin Carter fue puesto en libertad veinte años después de haber sido encarcelado injustamente, y pasó el resto de su vida luchando para ayudar a los presos que estaban encarcelados como lo estuvo él, de manera injusta. Carter murió en 2014. Un apunte más, el adolescente Lesra Martin se convirtió en abogado y se dedica a la misma causa que le unió a Carter, con quien trabajó hasta el fallecimiento de este.

Una historia de película, de las muchas que hemos visto en el cine, solo que esta fue verdad. Una persona que es encarcelada injustamente y que pasa muchos años de su vida en prisión por algo que no ha cometido.

Las injusticias están a la orden del día. A veces son clamorosas y tienen consecuencias enormes para la vida del que las sufre; en otras ocasiones las consecuencias no son tan graves o escandalosas, pero no por eso son menos injustas. Cuando somos víctimas de algo que no es justo, de algo que no merecemos porque nada tiene que ver con nuestras acciones o decisiones, nos invade un sentimiento de dolor y rechazo que produce en nosotros reacciones que a la larga nos harán más mal que bien.

Hace muchos años, en el siglo pasado, estábamos en los pasillos del instituto entre clase y clase. El profesor se retrasaba y un grupo de compañeros pensó que sería una buena idea jugar al fútbol dentro de la clase, mientras otros esperábamos en el pasillo. En un momento dado, un compañero quiso salir del aula, pero otro decidió no dejarle pasar y bloqueó la puerta. En medio de ese juego uno de ellos golpeó la puerta con el pie justo en el momento en que el otro la soltaba. El resultado fue que la patada destrozó el marco de la puerta y las bisagras que la sujetaban. El profesor llegó un par de minutos después y no se preocupó en saber quién había sido: castigó a toda la clase y mandó al delegado (que tenía que garantizar el orden cuando los maestros no estaban) al despacho del director. Finalmente todos pagamos, unos de manera justa y otros de manera injusta.

Esta es solo una anécdota que, treinta años después, no hace sino traer cierta melancolía por los recuerdos de una época que no volverá. Pero hay ocasiones en que no es una anécdota o un recuerdo sino una injusticia lo que nos marca, nos roba la paz y la tranquilidad y nos trae desasosiego y angustia porque nos deja sin respuesta y sin opciones.

Rubin Carter no es el único que pasó por prisión de manera injusta. Dos mil años antes, quienes estaban en prisión de manera injusta eran el apóstol Pablo y su compañero Silas. Sanando a una joven dejaron sin negocio al amo de esta chica y acabaron en la cárcel. Una situación tan injusta como la que veíamos al inicio de este devocional. Sin embargo, hay algo que comparte con la historia de Carter, y es que Dios es capaz de transformar la maldición en bendición. Esto significa que Dios tiene la capacidad, y así lo hace en multitud de ocasiones con sus hijos, de sacar algo positivo de las situaciones más negativas.

El mismo Pablo lo expresaría de esta manera en Romanos 8:28:

> Y sabemos que Dios hace que todas las cosas cooperen para el bien de quienes lo aman y son llamados según el propósito que él tiene para ellos.

Dios puede utilizar las peores circunstancias de la vida para traer algo bueno a nuestras vidas o a las de las personas con quienes después nos encontraremos. Eso es lo que ocurrió con la vida de Carter y con la de Pablo y Silas. Te invito a leer esta historia y a que reflexiones en esas circunstancias en las que tu vida estaba pasando por un momento que parecía no tener sentido. Y que pienses de qué manera podrías usar esa situación para bendecir a otras personas.

Lectura bíblica

Cierto día, cuando íbamos al lugar de oración, nos encontramos con una joven esclava que tenía un espíritu que le permitía adivinar el futuro. Por medio de la adivinación, ganaba mucho dinero para sus amos. Ella seguía a Pablo y también al resto de nosotros, gritando: «Estos hombres son siervos del Dios Altísimo y han venido para decirles cómo ser salvos».

Esto mismo sucedió día tras día hasta que Pablo se exasperó de tal manera que se dio la vuelta y le dijo al demonio que estaba dentro de la joven: «Te ordeno, en el nombre de Jesucristo, que salgas de ella». Y al instante el demonio la dejó.

Las esperanzas de sus amos de hacerse ricos ahora quedaron destruidas, así que agarraron a Pablo y a Silas y los arrastraron hasta la plaza del mercado ante las autoridades. «¡Toda la ciudad está alborotada a causa de estos judíos! —les gritaron a los funcionarios de la ciudad—. Enseñan costumbres que nosotros, los romanos, no podemos practicar porque son ilegales».

Enseguida se formó una turba contra Pablo y Silas, y los funcionarios de la ciudad ordenaron que les quitaran la ropa y los golpearan con varas de madera. Los golpearon severamente y después los metieron en la cárcel. Le ordenaron al carcelero que se asegurara de que no escaparan. Así que el carcelero los puso en el calabozo de más adentro y les sujetó los pies en el cepo.

Alrededor de la medianoche, Pablo y Silas estaban orando y cantando himnos a Dios, y los demás prisioneros escuchaban. De repente, hubo un gran terremoto y la cárcel se sacudió hasta sus cimientos. Al instante, todas las puertas se abrieron de golpe, ¡y a todos los prisioneros se les cayeron las cadenas! El carcelero se despertó y vio las puertas abiertas de par en par. Dio por sentado que los prisioneros se habían escapado, por lo que sacó su espada para matarse; pero Pablo le gritó: «¡Detente! ¡No te mates! ¡Estamos todos aquí!».

El carcelero pidió una luz y corrió al calabozo y cayó temblando ante Pablo y Silas. Después los sacó y les preguntó:

—Señores, ¿qué debo hacer para ser salvo?

Ellos le contestaron:

—Cree en el Señor Jesús y serás salvo, junto con todos los de tu casa.

Y le presentaron la palabra del Señor tanto a él como a todos los que vivían en su casa. Aun a esa hora de la noche, el carcelero los atendió y les lavó las heridas. Enseguida ellos lo bautizaron a él y a todos los de su casa. El carcelero los llevó adentro de su casa y les dio de comer, y tanto él como los de su casa se alegraron porque todos habían creído en Dios.

A la mañana siguiente, los funcionarios de la ciudad mandaron a la policía para que le dijera al carcelero: «¡Suelta a esos hombres!». Entonces el carcelero le dijo a Pablo:

—Los funcionarios de la ciudad han dicho que tú y Silas quedan en libertad. Vayan en paz.

Pero Pablo respondió:

—Ellos nos golpearon en público sin llevarnos a juicio y nos metieron en la cárcel, y nosotros somos ciudadanos romanos. ¿Ahora quieren que nos vayamos a escondidas? ¡De ninguna manera! ¡Que vengan ellos mismos a ponernos en libertad!

Cuando la policía dio su informe, los funcionarios de la ciudad se alarmaron al enterarse de que Pablo y Silas eran ciudadanos romanos. Entonces fueron a la cárcel y se disculparon con ellos. Luego los sacaron de allí y les suplicaron que se fueran de la ciudad. Una vez que salieron de la cárcel, Pablo y Silas regresaron a la casa de Lidia. Allí se reunieron con los creyentes y los animaron una vez más. Después se fueron de la ciudad.

(Hechos 16:16-40)

Oración

Señor y Padre, te ruego que me ayudes a usar todas y cada una de las circunstancias por las que he pasado en mi vida para poder ayudar y bendecir a otras personas. Gracias por tu amor infinito y por tu fidelidad siempre. Amén.

DIEZ

EL DOLOR DE LA DESPEDIDA

(Juan 11:1-44)

No hay dolor comparable con la separación de un ser querido. Cuando la muerte visita a una familia, el dolor que surge de ese momento es difícilmente equiparable a otro. Y no por ser un momento esperado por la edad o por una enfermedad es menos doloroso. La despedida de una persona amada es el dolor más grande que puede sufrirse en esta vida. Ahora, sin embargo, permíteme que haga una diferenciación: dependiendo de cómo ha sido la muerte y de quién muere, nuestros sentimientos se gestionan de una manera distinta. Un accidente o una enfermedad en un hijo o una hija no son comparables en cuanto a la gestión emocional con la muerte de uno de nuestros mayores de edad avanzada.

Y es que la gestión de la despedida es la tarea más difícil que habremos de realizar en nuestras vidas. Hay muchas maneras de abordar este tema, dependiendo, entre otras cosas, de la cercanía de la persona que se va, así como de las circunstancias en las que se va.

Pero hay una palabra que marca la diferencia en la gestión de esa despedida. Y no es porque mitigue el dolor del adiós, sino porque nos ayuda a afrontar lo que viene después. Esa palabra es *esperanza*.

Cuando vives una vida con la esperanza de que nuestra presencia en la tierra no es lo único que tenemos, sino que como seres humanos tenemos una vida eterna, y que morir no es el final, ves la vida de otra manera. Sientes el mismo dolor intenso cuando alguien a quien amas se va, pero gestionas tu dolor de una manera diferente, con esperanza.

Cuando Jesús fue informado de que su amigo Lázaro había muerto, sus palabras fueron: «No está muerto, duerme». Jesús es consciente del dolor de las hermanas de Lázaro, pero él sabe que ese no es el fin. La esperanza de la salvación es uno de los pilares de la fe cristiana. Jesús dijo: «Yo soy la resurrección y la vida. El que cree en mí vivirá aun después de haber muerto. Todo el que vive en mí y cree en mí jamás morirá. ¿Lo crees, Marta?» (Juan 11:26). Jesús relacionaba directamente la fe y la vida eterna en estas palabras y daba a la humanidad la esperanza de que la muerte no es el final.

Como os he dicho antes, la esperanza no mitiga el dolor de la despedida, pero sí que ayuda el día después. El duelo es muy duro, pero el sabernos con esperanza ayuda a enfocar la vida de otra manera. Y aunque en nuestros funerales hay música y, en cierto sentido, una celebración del tiempo que hemos disfrutado con la persona que se ha marchado, el dolor y el proceso del duelo lo vamos a vivir igual. Y es que, como he repetido en alguna ocasión en este libro, «el creyente no tiene un salvoconducto para librarse del dolor y de la aflicción». Sufrimos y nos entristecemos como el resto de las personas que aman a alguien y se han de despedir, pero nuestra esperanza en Jesús nos ayuda a ver el final del túnel de otra manera.

Te invito a que leas no solo los versículos que te comparto en este texto sino todo el capítulo 11 del Evangelio de Juan. Es un texto que te ayudará a ver el poder de esa esperanza porque en la resurrección de Lázaro está descrita la resurrección de los creyentes, que aunque muramos en este mundo, despertaremos asidos a la mano de Jesús.

Lectura bíblica

Cuando Marta se enteró de que Jesús estaba por llegar, salió a su encuentro, pero María se quedó en la casa. Marta le dijo a Jesús:

—Señor, si tan solo hubieras estado aquí, mi hermano no habría muerto; pero aun ahora, yo sé que Dios te dará todo lo que pidas.

Jesús le dijo:

—Tu hermano resucitará.

—Es cierto —respondió Marta—, resucitará cuando resuciten todos, en el día final.

Jesús le dijo:

—Yo soy la resurrección y la vida. El que cree en mí vivirá aun después de haber muerto. Todo el que vive en mí y cree en mí jamás morirá. ¿Lo crees, Marta?

—Sí, Señor —le dijo ella—. Siempre he creído que tú eres el Mesías, el Hijo de Dios, el que ha venido de Dios al mundo.

(Juan 11:20-27)

Oración

Bendito Dios, gracias por tu consuelo en los momentos difíciles. Gracias por tu cuidado y por tu paz en medio de la tormenta. Ayúdame a ser yo también de consuelo para otros y dame sabiduría para acompañar a los que sufren. En el nombre de Jesús, amén.

ONCE

EL SILENCIO DE DIOS

(Salmo 34:17; 83:1)

El silencio es, sin duda alguna, una de las cosas que peor gestionamos. Una llamada sin respuesta, un correo electrónico importante sin contestación, la nota de un examen que no llega, la solicitud a un trabajo del que jamás nos respondieron, la llamada a un ser querido que ya no está en casa. El silencio es desconocimiento, es dejarnos desnudos ante la imposibilidad de tomar un camino u otro sin conocer esa respuesta que nos daría toda la luz.

Dicen los psicólogos que la aplicación WhatsApp es una de las más dañinas para el amor propio y la autoestima de los más jóvenes. Lisa Maria Mai y Rainer Freudenthaler, de la Universidad de Mannheim (Alemania), un centro especializado en Política Económica y en Teoría de la Administración de Empresa, publicaron recientemente el estudio «¡Sé que lo has visto!», en el que investigaron sobre los factores individuales y sociales para el comportamiento de las personas en un chat y determinaron lo dañino que resulta «dejarte en visto, leído e ignorado».

El silencio que viene después de enviar un mensaje importante hace que por nuestra cabeza pasen multitud de pensamientos que, si no están bien gestionados, ocasionan un sinfín de desajustes que nos pueden llevar a la ansiedad y la angustia.

Pero también hay ocasiones en las que buscamos, necesitamos, el silencio. El silencio también significa paz y tranquilidad, momentos de quietud, tiempos de espera.

¿Dónde está la clave entonces? En que no es lo mismo buscar el silencio porque es lo que necesitamos en ese momento, a que el silencio sea forzado, donde se convierte en insoportable.

El silencio más difícil es el silencio que viene de parte de Dios. Entonces, ¿es malo el silencio de Dios?

¿En cuántas ocasiones han venido nuestros hijos a preguntarnos por una cuestión en especial, o nos han pedido permiso para algo, y donde lo menos adecuado era una respuesta rápida y poco reflexionada? Creo que una de las respuestas que más les he dado a mis hijos cuando han venido a demandarme algunas cosas ha sido: «Tengo que pensarlo». Y detrás de esa respuesta había muchas y diferentes resoluciones que requerían un tiempo de silencio.

El silencio de Dios tiene varias y diferentes interpretaciones. En primer lugar hay que tener claro que su silencio no tiene por qué significar «no». Hay varias maneras en las que podemos entender el significado de ese silencio de Dios, pero en todas ellas hay un denominador común: el silencio de Dios suele estar relacionado con mantener la calma.

Dios no suele responder rápidamente y sin reflexión. En muchas ocasiones su respuesta lleva incluido un tiempo de espera, bien para que estemos preparados para su veredicto, bien para que maduremos y nosotros mismos encontremos el camino sin ser necesario que Dios intervenga, más allá de darnos calma para la espera. Moisés esperó cuarenta años cuidando el ganado de su suegro antes de estar preparado para liderar el pueblo de Dios.

En medio del silencio de Dios, la espera es fundamental, y quizás sea la principal enseñanza de Dios para los tiempos de silencio. Gestionar el silencio de Dios significa gestionar la espera que tendremos que tener para escuchar su respuesta.

Puesto que cada uno de nosotros experimentamos el silencio de Dios en diferentes momentos y ante distintas circunstancias, cada uno gestionamos ese tiempo de una manera específica y ponemos a prueba nuestra fe de una forma particular.

En el Salmo 83, el salmista clama por la respuesta de Dios y le pide que no guarde silencio ni cierre sus oídos. Relaciona el silencio con que Dios no lo ha escuchado, pero no es así. Dios siempre escucha nuestras oraciones, aunque no siempre las responda cómo y cuándo nosotros queremos que lo haga.

Dios siempre escucha nuestras oraciones. Cuando clamamos a él, su oído está atento. Solamente necesitamos tener la actitud correcta en la que reconocemos que su soberanía es siempre perfecta para nosotros.

Te invito a leer completos los Salmos 34 y 83 y a descubrir el silencio de Dios como lo que verdaderamente significa.

Lectura bíblica

El Señor oye a los suyos cuando claman a él por ayuda;
los rescata de todas sus dificultades.
    (Salmo 34:17)

¡Oh Dios, no guardes silencio!
No cierres tus oídos;
no te quedes callado, oh Dios.
    (Salmo 83:1)

Oración

Señor y Dios, dame sabiduría para entender lo que nos
enseña tu Palabra acerca de ti. Enséñame a aceptar y
entender que tu sabiduría es perfecta en todo momento.
Amén.

DOCE

CUANDO TODO DUELE

(Apocalipsis 21:3-4)

Hace unos años tuvimos la oportunidad de viajar a Holanda y pasar una semana visitando ese maravilloso país. Molinos, tulipanes, queso y zuecos son algunas de las imágenes que nos vienen a la mente cuando pensamos en este país del norte de Europa. Precisamente en los días en los que escribo estas líneas, nuestros amigos holandeses nos mandan bellísimas fotos de los campos de tulipanes en todo su esplendor. Yo, que nunca he tenido talento para cuidar las plantas y las flores, cuando veo estas imágenes me quedo maravillado y me transmiten una paz y una sensación de asombro difíciles de describir.

De nuestro viaje a Holanda recuerdo varios momentos muy especiales, entre ellos uno que despierta en mí sentimientos encontrados. En nuestra visita a Ámsterdam decidimos dedicar una mañana a conocer la casa y la historia de Ana Frank. Soy un apasionado de la historia, y la Segunda Guerra Mundial es una etapa histórica que siempre me ha fascinado. La incomprensión por la maldad y el odio que el ser humano puede llegar a albergar en su corazón es algo que siempre me ha llamado la atención. Y creo que la Segunda Guerra Mundial es uno de esos momentos en los que, por haber tenido acceso a miles de supervivientes en nuestra época, nos ha hecho mucho más cercana la barbarie.

Cuando entramos en la casa de Ana Frank, el silencio fue una de las cosas que primero nos sorprendió. Mientras nos acercábamos a la casa caminando por las calles de Ámsterdam, charlábamos entre bromas y fotos, como cualquier turista que estuviese pasando unos días de vacaciones. Sin embargo, en el momento en que cruzamos el umbral de la puerta de la casa de Ana Frank el silencio se hizo presente. El silencio demostraba nuestro respeto ante una de las historias más conocidas del mundo, la de cómo un grupo de judíos sobrevivió durante dos años a la persecución de los nazis, escondidos en un par de habitaciones ocultas en una vivienda.

La historia de Ana Frank es conocida por todos nosotros porque esta adolescente escribió un diario durante este confinamiento, y ese diario sobrevivió a la guerra y fue publicado cuando la pesadilla terminó.

Aunque en el diario Ana nos habla de su vida, de sus sueños, de sus ilusiones y del miedo que pasó encerrada durante dos años escondiéndose del terror, sus palabras son la voz de una generación que padeció de una manera difícil de digerir.

Hoy, en 2020, estamos sufriendo una pandemia mundial a causa del virus denominado SARS-CoV-2, que nos ha mantenido confinados en casa varias semanas. En este tiempo las redes sociales se han llenado de personas explicando lo mal que lo estaban pasando en la cuarentena, que no aguantaban en casa sin salir, sin ir al gimnasio, viajar, ir a la playa... En definitiva, que les cuesta horrores no vivir la vida que tenían antes.

Cuando pienso en todo esto no puedo evitar pensar en Ana y en su diario, y en todo lo que ella vivió, para después comparar lo que estamos viviendo nosotros en estos momentos y recibir de ese modo un baño de realidad.

A veces es muy complicado comparar las situaciones por las que pasamos las personas en diferentes épocas de la historia. Si bien podemos estar de acuerdo en que lo que sucedió en la Segunda Guerra Mundial no es comparable a lo que estamos viviendo con el coronavirus, en estos momentos muchas personas están experimentando un verdadero infierno porque, o están trabajando en «primera línea de batalla contra el virus», o están sufriendo ellos mismos o un familiar las consecuencias de la enfermedad que provoca.

Hace unos días una doctora que salía de una jornada de doce horas en el hospital se derrumbaba delante de los periodistas que estaban entrevistándola. Dijo que «le dolía absolutamente todo». Le dolía el cuerpo por las interminables jornadas de trabajo con esos uniformes de emergencia, y le dolía el alma y el corazón por ver cómo se les escapaban tantas vidas de las manos sin poder hacer nada por ellas, y por ver cómo no paraban de llegar personas a urgencias cuando ya no les quedaba ni una cama vacía.

Este testimonio empezaba con las palabras que dan título a este devocional, «Cuando todo duele». Porque hay un dolor diferente, que va más allá del dolor físico; es un dolor que empieza en el corazón y que llega a todos los órganos de nuestro cuerpo. Es un dolor acompañado de la impotencia por no poder hacer nada por cambiar las cosas. Es el dolor y el miedo que Ana Frank describe en su diario por saber que está en una situación terrible y que ella no puede sino esperar.

En su Palabra, Dios nos habla de que la tierra está enferma, porque la caída del ser humano también afectó al resto de la creación. Sufrimos guerras, enfermedades, situaciones intensamente dolorosas en las que no podemos hacer otra cosa que mirar al cielo y buscar el consuelo y la guía de nuestro Señor.

Dios nos promete en su Palabra que llegará el momento en que él ocupará de nuevo el lugar que le corresponde, y que en ese momento cesarán las lágrimas porque no habrá más muerte ni tristeza ni llanto ni dolor. Estas palabras nos traen consuelo y esperanza en medio del sufrimiento que podemos vivir en algún momento de nuestras vidas.

Dios nos consuela con la certeza de que cuando él ocupe el lugar que le pertenece «todas estas cosas ya no existirán más», y aunque en muchas ocasiones no tenemos respuesta para todo lo que sucede a nuestro alrededor, sabemos que Dios nos ama y que sus promesas son verdad, y esas promesas y su fidelidad traen paz a nuestros corazones.

Te invito a leer estas palabras del libro de Apocalipsis y a buscar el consuelo y la paz de Dios en los tiempos de desconcierto que nos ha tocado vivir.

Lectura bíblica

Oí una fuerte voz que salía del trono y decía: «¡Miren, el hogar de Dios ahora está entre su pueblo! Él vivirá con ellos, y ellos serán su pueblo. Dios mismo estará con ellos. Él les secará toda lágrima de los ojos, y no habrá más muerte ni tristeza ni llanto ni dolor. Todas esas cosas ya no existirán más».

(Apocalipsis 21:3-4)

Oración

Señor y padre, te ruego que traigas paz a mi corazón en medio de toda esta situación. Necesito tu consuelo y tu guía para conducirme en tus caminos cada día. Amén.

TRECE

EN EL DESIERTO

(Deuteronomio 8:1-5)

Hace unos años, mucho tiempo antes de la televisión por cable y de las plataformas como HBO, Netflix y Disney, en España solo teníamos dos cadenas, TV1 y TV2. Con el tiempo llegaron más canales, cada vez más especializados. Y hace unos años irrumpieron en el mercado las *smart TV*, que unen la televisión con internet, y que no solo nos permiten acceder a una oferta casi infinita, sino que si un programa en directo (como un evento deportivo, por ejemplo) se emite a una hora en que no puedes verlo, puedes acceder sin problema a esa emisión en cualquier momento.

Volviendo a esos años de mi adolescencia, incluso un poco antes, cuando solo accedíamos a dos canales de televisión, recuerdo que había ciertos eventos que estaban rodeados de un halo especial. Y uno de esos eventos era el Rally París-Dakar. El logo del *rally*, la imagen de una *kufiyya* típica de los beduinos del desierto, ya invitaba a soñar con aventuras épicas al estilo de Lawrence de Arabia.

Gran parte del atractivo de la carrera era que el trayecto que discurría por los desiertos africanos era de una dureza extrema, así que el vencedor siempre adquiría un «halo heroico» en su carrera como piloto. Ganar el París-Dakar siempre ha sido especial.

El desierto siempre ha tenido algo especial, es uno de los lugares más inhóspitos de la tierra, desértico, con un clima extremo y con grandes dificultades para encontrar medios para subsistir.

En la Biblia, el desierto siempre ha estado relacionado con la prueba, con ese periodo en que un personaje bíblico está en un paréntesis de su vida, un tiempo en el que, en medio de la dificultad, se conoce más a sí mismo a la vez que se prepara para algo especial que va a suceder en su vida, incluso si no sabe lo que viene en el futuro.

El pueblo de Dios pasó cuarenta años en el desierto, liderado por Moisés, por rebelarse contra Dios, al tiempo que se preparaban para entrar en la tierra prometida. El profeta Elías pasó cuarenta días en el desierto hasta encontrase con Dios en el monte de Horeb, y Jesús fue llevado al desierto durante cuarenta días, donde Satanás intentó tentarlo para que «cambiara de bando».

Como habrás observado, en la Palabra de Dios el número 40 está muy vinculado con el desierto, y ambos se relacionan directamente con la prueba, con esos momentos complicados que vienen en la vida. En la introducción de este libro explico, precisamente, el porqué de 40 reflexiones esperanzadoras para tiempos difíciles. El número 40 y el desierto están directamente relacionados con las pruebas a lo largo de toda la vida. Son sinónimo de tiempos difíciles y de reflexión, de tiempos en los que acercarnos a Dios y descubrir nuestra dependencia solo de él.

Desconozco cuál es o ha sido tu «particular desierto», pero sí sé los páramos que me ha tocado transitar a mí a lo largo de la vida. Son momentos de soledad porque, aunque puedes compartir las consecuencias de ese momento con otros (crisis económica, familiar, enfermedad, duelo...), cada uno de nosotros tenemos que hacer nuestro peregrinaje personal por nuestro desierto particular. Son momentos de temor porque no conocemos el futuro y debemos dar pasos de fe que en muchas ocasiones no son sencillos. Son momentos de intimidad con Dios porque en su presencia desvestimos nuestra alma, doblamos nuestras rodillas y nos presentamos delante de él sin florituras ni adornos, sino desnudos y vulnerables. Son momentos de quietud porque ahí no tomamos decisiones: solo dejamos que Dios nos susurre al oído que no estamos solos y que esos momentos son para descansar en él.

Nuestra particular travesía por el desierto no es ni será sencilla. No lo fue para Moisés, ni para Elías ni para Jesús. Pero si te das cuenta, todos ellos salieron fortalecidos de la situación y, lo que es más importante, salieron con la respuesta de Dios ante lo que tenían que hacer, ante lo que venía por delante.

A lo largo de mi ministerio pastoral he conversado con muchas personas que estaban en medio de una crisis, de un problema, de su particular desierto, y todas ellas me confesaban «que no veían el final del túnel». Este sentimiento se repite una y otra vez en medio de las pruebas: no vemos cuándo acabará esa situación que nos produce dolor, sufrimiento e incertidumbre.

Y eso se debe a que cuando tenemos un problema del que somos capaces de ver su solución, aunque esta tarde en llegar en el tiempo, no lo identificamos como «un desierto», porque ver el final del túnel es como el que camina por el desierto con un mapa en la mano que le indica dónde están los oasis. Sin embargo, cuando no podemos ver esa salida, nos sabemos perdidos en el desierto.

Cuando paso por dificultades, cuando necesito acercarme a Dios porque soy consciente de que con mis fuerzas únicamente no lo voy a conseguir, me encanta recordar las palabras que Dios le dio al pueblo de Israel a través de Moisés en Deuteronomio 8 para recordarles que «por todo lo que Dios ha hecho por ellos en el pasado, en el desierto, deben confiar en que Dios nos los dejará ahora».

Aunque aquí solo voy a compartirte unos pocos versículos de Deuteronomio, te invito a que leas con calma este libro, en el que podrás sentir cómo la fidelidad de Dios está para siempre con su pueblo, con su iglesia. Dios es bueno y es fiel aun en medio de las dificultades. Él no nos abandona, sino que nos ama y nos cuida siempre. Y en los momentos más complicados de nuestra vida, hemos de acercarnos a él con todas nuestras fuerzas.

Lectura bíblica

Asegúrate de obedecer todos los mandatos que te entrego hoy. Entonces vivirás y te multiplicarás, y entrarás en la tierra que el Señor juró dar a tus antepasados y la poseerás. Recuerda cómo el Señor tu Dios te guio por el desierto durante cuarenta años, donde te humilló y te puso a prueba para revelar tu carácter y averiguar si en verdad obedecerías sus mandatos. Sí, te humilló permitiendo que pasaras hambre y luego alimentándote con maná, un alimento que ni tú ni tus antepasados conocían hasta ese momento. Lo hizo para enseñarte que la gente no vive solo de pan, sino que vivimos de cada palabra que sale de la boca del Señor. En todos esos cuarenta años, la ropa que llevabas puesta no se gastó, y tus pies no se ampollaron ni se hincharon. Ten por cierto que, así como un padre disciplina a su hijo, el Señor tu Dios te disciplina para tu propio bien.

(Deuteronomio 8:1-5)

Oración

Bendito Dios, en estos momentos de mi vida clamo a ti para que me guíes por todas las circunstancias de mi vida. No me dejes, como no dejaste a tu pueblo, y ayúdame a caminar siempre a tu lado. Aun en el desierto, que mis pasos no se alejen de ti. Amén.

CATORCE

LA ORACIÓN DESESPERADA

(Mateo 26:39)

Cuando mi hija mayor tenía más o menos cinco años nos preguntó acerca de la oración. Ella siempre ha sido muy «preguntona», en el mejor sentido de la palabra, puesto que cada duda estaba motivada por una genuina curiosidad. Creo que la mayoría de los padres y madres, cuando uno de nuestros hijos nos piden que les expliquemos qué es orar, respondemos que orar es *hablar con Dios*.

A medida que crecen podemos ampliar esa respuesta y añadir que orar es entrar en la presencia de Dios, estar en sintonía con él, abrirle nuestro corazón. Cuando oramos buscamos la dirección de Dios: no solo hablamos con él, sino que también escuchamos.

La oración consta de acción de gracias y de reconocimiento de Dios por lo que él es y por lo que hace, pero también contiene las peticiones de nuestro corazón, intercesión, petición de perdón y adoración.

En una ocasión los discípulos preguntaron a Jesús acerca de la oración, y Jesús respondió con la oración más famosa de la Biblia, el padrenuestro, que nos enseña cómo levantar una plegaria:

> Cuando ores, no parlotees de manera interminable como hacen los seguidores de otras religiones. Piensan que sus oraciones recibirán respuesta solo por repetir las mismas palabras una y otra vez. No seas como ellos, porque tu Padre sabe exactamente lo que necesitas, incluso antes de que se lo pidas. Ora de la siguiente manera:
>
> Padre nuestro que estás en el cielo,
> que sea siempre santo tu nombre.
> Que tu reino venga pronto.
> Que se cumpla tu voluntad en la tierra
> como se cumple en el cielo.
> Danos hoy el alimento que necesitamos,
> y perdónanos nuestros pecados,
> así como hemos perdonado a los que pecan contra
>   nosotros.
> No permitas que cedamos ante la tentación,
> sino rescátanos del maligno.
>   (Mateo 6:7-13)

La disciplina espiritual de la oración es una de las más importantes y de las que más se habla en las Escrituras. Los salmos son oraciones cantadas, y multitud de personajes bíblicos aparecen manteniendo conversaciones con Dios. Nuestras oraciones reflejan nuestro estado de ánimo puesto que abrimos al Señor nuestro corazón, y no siempre estamos en la misma situación anímica cuando nos acercamos a Dios. De hecho, hay ocasiones en las que no tenemos ganas de orar.

Sin embargo, si entendemos que cuando oramos nos acercamos a Dios, es precisamente en los momentos donde nuestros ánimos están más bajos cuando más tenemos que acercarnos a él. Si examinamos los salmos veremos que muchos de ellos claman a Dios en momentos de verdadera desesperación, y es que la oración tiene un doble efecto en nuestra vida. En primer lugar, llevamos a la presencia de Dios todo aquello que nos preocupa y lo dejamos en sus manos. En segundo lugar, cuando somos conscientes de que Dios escucha nuestras oraciones, tal como promete en su Palabra, esa certeza genera en nosotros un cambio de actitud ante esa situación en sí, ya que la oración genera cambios en nuestro estado de ánimo y en la manera en que enfrentamos dicha situación.

Una de las enseñanzas más importantes en cuanto a la oración tiene que ver con la soberanía de Dios. Cuando reconocemos que Dios es Dios, reconocemos que su voluntad es santa y perfecta. Jesús nos enseñó en el padrenuestro que «hágase tu voluntad» implicaba que la voluntad de Dios era mucho más importante y buena para nosotros que nuestra propia voluntad, que tantas veces nos ha fallado.

Jesús nos enseñó en varias ocasiones que la sabiduría de Dios debía estar presente en cada una de nuestras oraciones. Reconocer que sometemos nuestra voluntad a la de Dios es una muestra de madurez espiritual, es ser conscientes de que Dios nos cuida y escucha nuestras oraciones. Y al escucharlas, seguramente en muchas ocasiones su voluntad excederá lo que nosotros pensamos que es lo mejor.

Jesús nos enseñó esto en muchas ocasiones, pero la más impactante sucedió en el huerto de Getsemaní. En ese momento, poco antes de ser traicionado por Judas, Jesús se apartó al monte a orar y clamó a Dios para que todo lo que venía pasara, que se cumplieran los planes de Dios pero de una manera diferente. Jesús no quería experimentar lo que sabía que se acercaba. En medio de la desesperación Jesús pronunció las palabras más difíciles: «Sin embargo, quiero que se haga tu voluntad, no la mía».

Jesús reconoció que la voluntad de Dios era lo más importante aun en medio de la desesperación. Y esa es la oración más difícil de hacer. Presentarnos delante de Dios en un momento de desesperación y aceptar su voluntad por encima de la nuestra es uno de los mayores actos de fe que hay. Es reconocer que Dios, en su sabiduría, vela por nosotros, incluso por encima de nosotros mismos.

Cuando aprendemos a depender y a confiar en Dios en todo, aceptamos su voluntad como santa y perfecta, y subimos un peldaño en nuestra relación con él.

Te invito a leer las dos oraciones mencionadas en este devocional, el padrenuestro y la oración en el huerto de Getsemaní, para que puedas reflexionar y aprender lo que Jesús nos enseña a partir de su propia experiencia.

Lectura bíblica

Él se adelantó un poco más y se inclinó rostro en tierra mientras oraba: «¡Padre mío! Si es posible, que pase de mí esta copa de sufrimiento. Sin embargo, quiero que se haga tu voluntad, no la mía».

(Mateo 26:39)

Oración

Señor, sabes lo complicado que nos resulta muchas veces renunciar a nuestro propio yo, a nuestros deseos y peticiones, y someternos a tu voluntad, sobre todo en esos momentos complicados en los que clamamos por alguien a quien amamos. Pero reconocemos que tu sabiduría es perfecta para nosotros. Descansamos en ti y te pedimos que hagas tu voluntad cada día en nuestras vidas. Amén.

QUINCE

CON LA BRÚJULA BIEN ORIENTADA

(Filipenses 3:13-14; 2 Timoteo 4:6-8)

Me encanta Indiana Jones. Desde la primera vez que vi a Harrison Ford interpretando al famoso arqueólogo / profesor / aventurero / héroe / seductor… y no sé cuántos más adjetivos podríamos poner detrás, me enamoré de sus aventuras. Aun a sabiendas de que tales peripecias son inverosímiles, muchos soñábamos de niños con vivir una aventura al estilo de «Indi».

Recuerdo que unos años después del estreno de *En busca del arca perdida*, nuestro profesor de inglés nos puso en el examen de comprensión lectora un fragmento apasionante de la historia de lord Carnarvon y Howard Carter y el descubrimiento de la tumba de Tutankamón. Lo disfruté tanto que acabé comprando un par de libros de egiptología para conocer más acerca de todo lo relacionado con Egipto.

Esa combinación de estudio de la antigüedad y aventura siempre me ha parecido maravillosa. Quizás por eso soy un ávido lector de novela histórica.

En toda historia que se precie necesitamos un mapa y un tesoro, un adversario que quiere llegar antes que el protagonista / héroe y un montón de obstáculos planeados siglos antes del momento en el que tiene lugar la historia en la que estamos inmersos.

Y si esa aventura tiene lugar en el mar, lo que necesitamos es ¡una brújula!, y si no que se lo pregunten a Jack Sparrow.

Todos hemos visto alguna vez una brújula. Una aguja imantada situada sobre un eje giratorio y puesta sobre una rosa de los vientos que sirve para calcular el rumbo. La brújula fue descubierta en China en el siglo IX, y a miles y miles de kilómetros, los olmecas, según indican algunos restos arqueológicos, tendrían la suya propia en lo que hoy es México.

Hoy se le han añadido algunos detalles de acorde con los tiempos, pero la esencia de la brújula sigue siendo la misma: una pequeña aguja imantada que nos ayuda a situarnos, ya sea en medio del mar o en tierra firme. Y aunque los GPS de los teléfonos y relojes inteligentes han desplazado el uso de la brújula, a esta jamás se le acaba la batería, por lo que continúa vendiéndose en las tiendas de material de excursionismo.

En español se dice que alguien «ha perdido el norte» para referirse a una persona que no está muy equilibrada, de la misma manera que siempre se ha dicho que todos tenemos «una brújula interna» en referencia al sentido común. Sin embargo, deberíamos repensar esta ilustración, porque la realidad es que, si bien es cierto que cada uno de nosotros tenemos una brújula interna que nos marca el camino que seguir, solo hay que observar a las personas para darnos cuenta de que cada uno de nosotros vamos en la dirección que *nuestra* brújula interna nos marca.

Cada uno de nosotros tenemos sueños, ilusiones o ambiciones que nos guían por uno u otro camino a la hora de tomar decisiones. Dependiendo de dónde queremos llegar, tomaremos un camino u otro; e incluso deseando llegar a la misma meta, diferentes personas tomarán distintas decisiones.

Cuando nuestra brújula interna está centrada únicamente en nosotros, tomaremos decisiones egoístas y egocéntricas en las que nos importarán poco las demás personas. Buscaremos tomar decisiones que nos beneficien a nosotros y que beneficien la consecución de nuestros sueños y objetivos.

Cuando nuestra brújula está apuntando al dinero y las posesiones, todo lo que haremos en nuestra vida estará centrado en conseguir este objetivo.

Sin embargo, si nuestra brújula interna está centrada en seguir los caminos que Jesús anduvo, todo lo que haremos será para estar en línea con este objetivo.

El apóstol Pablo lo explica de una forma muy clara en sus cartas, y en los últimos días de su vida compara lo vivido con una carrera o una batalla. Un símil muy adecuado para hablar de una vida que no estará completa jamás, porque la meta es llegar «a la misma estatura de Jesús», algo que es imposible de lograr en esta vida pero que nos marca la dirección adecuada.

Cuando ponemos a Jesús como ejemplo en nuestra vida, orientamos bien nuestra «brújula interna», y cuando sabemos dónde vamos es mucho más sencillo sobreponernos a los obstáculos y a los problemas y mirar a la meta por encima de todo. No es un camino sencillo, porque los obstáculos estarán ahí; de hecho, solo tenemos que leer la Palabra de Dios para ver las situaciones por las que pasaron Pablo y el mismo Jesús.

Muchos no entienden hoy en día que las personas que hemos tomado una decisión por Jesús lo hemos hecho con todas las consecuencias y plenamente conscientes de lo que eso significa. Y que lo hemos hecho en libertad, porque de otro modo esta decisión estaría vacía de contenido.

Sabemos la carrera que tenemos que correr y la batalla que tenemos que pelear; tenemos la brújula bien orientada y sabemos que no vamos a caminar este camino solos. Pero además, sabemos que el premio que hay al final es el mayor premio que podríamos obtener: pasar la eternidad con nuestro Señor.

Si todavía no has tomado esta decisión en tu vida, te animo a que des ese paso. Dale a Dios una oportunidad, abre tu corazón a Jesús, y verás que delante de ti se abre un mundo totalmente diferente, una vida en la que jamás caminarás solo. Una vida junto a Jesús siempre es una vida mejor. Y si bien tener a Jesús no es un salvoconducto para que los problemas no lleguen, sí que es garantía de que no los enfrentarás tú solo.

Lectura bíblica

En cuanto a mí, mi vida ya fue derramada como una ofrenda a Dios. Se acerca el tiempo de mi muerte. He peleado la buena batalla, he terminado la carrera y he permanecido fiel. Ahora me espera el premio, la corona de justicia que el Señor, el Juez justo, me dará el día de su regreso; y el premio no es solo para mí, sino para todos los que esperan con anhelo su venida.

(2 Timoteo 4:6-8)

No, amados hermanos, no lo he logrado, pero me concentro únicamente en esto: olvido el pasado y fijo la mirada en lo que tengo por delante, y así avanzo hasta llegar al final de la carrera para recibir el premio celestial al cual Dios nos llama por medio de Cristo Jesús.

(Filipenses 3:13-14)

Oración

Señor, quiero abrirte mi corazón, caminar tus caminos y compartir mi vida junto a ti. Ayúdame a ser firme en mis decisiones, pelear la buena batalla y correr la carrera que me lleve junto a ti. Gracias, Señor, por tu amor infinito. Amén.

DIECISÉIS

LA NOCHE MÁS OSCURA

(Salmo 121:5-8)

En uno de los momentos álgidos de *El caballero oscuro*, Harvey Dent pronuncia una de esas frases épicas que llenan los memes de internet: «La noche es más oscura justo antes del amanecer». Esta frase es una «arenga a la tropa» para que el comisario pueda poner a la opinión pública de su parte en la lucha contra el crimen.

El origen de esta frase es un tanto confuso y aparecen muchas y diferentes historias, así que, para evitar equivocaciones, no voy a teorizar sobre ello. Lo que sí es indiscutible es que esta afirmación se hizo viral desde que apareció en una de las películas de Batman.

¿Qué se esconde detrás de esta frase? Que las cosas tienen que estar realmente mal para que empiecen a cambiar. Y si bien esta no es una tesis científica irrefutable, sí que es una declaración sobre la que podemos reflexionar. Si lo pensamos bien, el punto más oscuro de cualquier situación es el previo a que las cosas mejoren porque, sencillamente, ya no pueden empeorar más. Así que estamos ante una afirmación muy aplicable a las diferentes situaciones que atravesamos en nuestra vida.

La oscuridad siempre se ha relacionado con el temor a lo que no se ve. El precioso bosque por el que salimos a pasear con los niños o donde preparamos un romántico pícnic se vuelve terrorífico cuando cae la noche, y los sonidos a los que no prestábamos atención cuando la vista nos daba tranquilidad se tornan escalofriantes. La oscuridad nos da miedo porque no somos capaces de ver lo que hay delante. Por eso utilizamos la metáfora de la oscuridad cuando nos queremos referir a una etapa complicada de nuestra vida, incluso una etapa que queremos olvidar.

El miedo es un sentimiento necesario, ya que nos pone en alerta y nos ayuda a protegernos a nosotros y a los que amamos; pero también puede ser una soga que nos ata con fuerza y nos paraliza. Necesitamos controlarlo, y para eso necesitamos saber y entender a qué tenemos miedo y por qué.

Hay muchos y diferentes miedos, y no seré yo el que se atreva a catalogar si hay uno más fuerte que otro, porque es imposible valorar los diferentes temores de las personas, solo podemos respetarlos. Sin embargo, creo que una característica recurrente en muchos miedos o temores es lo desconocido. No saber qué hay delante, ya sea en el bosque, detrás de una puerta, al terminar una relación, después de la muerte de un ser querido o de un diagnóstico médico, puede llegar a ser terrorífico. Esa es la verdadera noche oscura, en la que la lógica te dice que amanecerá tarde o temprano, pero eres incapaz de verlo.

El mismo sentido tiene la expresión «ver el final del túnel». A lo largo de los años he tenido la oportunidad de viajar mucho por Europa conduciendo mi propio vehículo. Y en estos viajes he cruzado algunos de los túneles más largos del continente en Noruega, Suiza, Austria o los Alpes italianos. Varios de estos túneles alcanzan una longitud de casi doce kilómetros, y debido a que has de reducir la velocidad por la que transitas por ellos, algunos se hacen interminables. Tardas varios minutos, o varias canciones, que es como mi hija suele medir alguna de sus actividades, en «ver la luz de nuevo».

Imagino que todos nos hemos sentido un poco así en algún momento de nuestras vidas. En este libro ya os he hablado de mi particular «desierto», que también he denominado muchas veces «mi noche más oscura». Los más de dos años que pasé en el hospital tratando de superar el cáncer linfático que me tocó vivir fueron una noche muy larga, un túnel que no terminaba pero del que al final pude ver la luz.

Cuando estaba en lo más profundo de la oscuridad y todo parecía ir mal, hubo momentos en los que no creí que jamás saldría de aquel túnel. En ese momento en el que no podía ver la luz, Dios puso a sus «ángeles» a mi lado. Sobre todo, a mis padres y hermanos, y a través de ellos Dios se manifestó como «mi sombra protectora».

No sé si estás entrando en la noche oscura o si ya estás viendo el amanecer, pero lo que sí sé es que Dios te cuida. Él lo promete en su Palabra, y me gustaría que meditaras unos momentos en el Salmo 121. Su protección es una promesa y jamás te dejará desamparado.

Lectura bíblica

¡El Señor mismo te cuida!
El Señor está a tu lado como tu sombra protectora.
El sol no te hará daño durante el día,
ni la luna durante la noche.
El Señor te libra de todo mal
y cuida tu vida.
El Señor te protege al entrar y al salir,
ahora y para siempre.
(Salmo 121:5-8)

Oración

Señor, clamo a ti porque necesito sentirte cerca. Necesito ver tu mano protectora y saber que estás junto a mí. Quiero vivir mi vida a tu lado y sentir que jamás camino solo. Amén.

DIECISIETE

CAMBIO DE PLANES

(Santiago 4:13-17)

Tokio, 1 de septiembre de 2006. Pau Gasol se retira llorando de la pista con evidentes signos de dolor en plena semifinal del Mundial de Baloncesto. España jugaba contra Argentina una durísima semifinal en la que se quedaban sin una de las estrellas del equipo. Faltaban dos minutos para acabar el partido y Pau Gasol se fracturaba un hueso del pie, una lesión que acabaría con sus opciones para jugar la final. España ganó ese partido por un punto (75-74), pero perdía a su estrella que, junto con Juan Carlos Navarro, había liderado la selección española durante todo el mundial.

«Pepu» Hernández, el seleccionador de España, tendría que cambiar su juego, porque enfrentarse a Grecia en la final iba a suponer un tremendo desafío para el equipo, y más sin su principal estrella. Tenía 48 horas para mover todas las piezas y mantener la confianza de los jugadores en lo más alto, ya que estaban a un solo partido de obtener su primer título mundial.

El día de la final, Marc Gasol sustituyó a su hermano en la cancha, y con una actuación difícil de igualar, se erigió como uno de los más grandes defensores y ayudó a que España completara uno de los mejores partidos que se recuerdan en una final del mundial. España derrotó a Grecia por más de 20 puntos y se proclamaron campeones del mundo. Si no viste el partido y te gusta el baloncesto, búscalo en YouTube, lo vas a disfrutar.

La estrategia había sido preparada con mucha antelación. Todo el equipo sabía qué hacer y cómo hacerlo; sin embargo, todos los planes tuvieron que alterarse porque una de las estrellas del equipo no podría jugar la final.

Estas circunstancias forman parte del deporte, y en cierta manera es uno de los factores que dan emoción a las competiciones, y esta emoción es la esencia del deporte.

Cuando trasladamos esta incertidumbre a la vida real deja de ser atractivamente emocionante como en el deporte. Cuando las cosas no vienen como esperamos, cuando llegan los imprevistos, tomamos las decisiones que consideramos más adecuadas para resolverlos. Intentamos adaptarnos a la nueva situación, como hizo el entrenador de la selección española.

Todo esto sucede porque, de una u otra manera, pensamos que podemos controlarlo todo, que somos los únicos que podemos hacer que las cosas sucedan, somos los responsables de todo y podemos progresar con nuestras propias fuerzas. Quizás es porque pensamos que estamos solos, que es nuestra responsabilidad y nuestro deber organizar nuestra vida y planificarla.

Hacemos los planes en función de lo que sabemos y de lo que queremos obtener. Si eres el seleccionador de baloncesto y quieres ser campeón del mundo, haces los planes para conseguirlo en función de los jugadores que tienes. Elaboras una estrategia y la sigues para lograr tu objetivo.

Planificamos porque entendemos que es la manera de alcanzar nuestros objetivos. Ponemos orden a nuestras prioridades para conseguir que esa planificación llegue a buen puerto. Y todo esto está bien, es nuestra responsabilidad para con nuestro trabajo y nuestra familia. Sin embargo, hay ocasiones en que los planes se vienen abajo por algún motivo y nos quedamos «en el aire».

Desde hace años, cuando llega la Navidad, mi esposa y yo dedicamos un par de días a planificar el año que está por empezar. Debido a mi trabajo, cada año debo realizar una serie de viajes que me llevan por diferentes países de América y Europa. Eso supone prácticamente un viaje al mes, lo que hace que tengamos que planificar al detalle esos días para poder combinarlos con los eventos familiares como aniversarios, bodas, actividades especiales de los niños... A finales de 2019 hicimos este ejercicio y planificamos bien los meses que vendrían por delante. En 2020 esperaba viajar como cada año y visitar los eventos más importantes del mundo editorial, y había recibido un par de invitaciones a congresos que había que incluir en la agenda. Además, tenía el privilegio de casar a una preciosa pareja de nuestra iglesia. Todo marchaba como estaba planeado.

El año empezó como siempre. Terminamos de celebrar las fiestas de Navidad y después festejamos el cumpleaños de mi hijo pequeño. Justo después de ese aniversario, viajé a Estados Unidos y México en el que sería el primer viaje del año (y que, a día de hoy, se ha convertido en el único).

Sin embargo, a los pocos días de regresar, la COVID-19 empezaba a extenderse por todo el globo y paralizaba todos los planes que habíamos hecho con tanta ilusión: proyectos laborales, vacaciones, visitas a la familia, celebraciones previstas, la boda de nuestros amigos… Todo, absolutamente todo, fue cancelado.

Una de las primeras cosas que aprendimos de golpe con la aparición del coronavirus es que no lo tenemos todo bajo control. No podemos tenerlo todo controlado porque no todo está bajo nuestra autoridad. Un imprevisto a este nivel, que ha sido capaz de paralizar el mundo entero, nos ha dado un baño de humildad. Ni los más poderosos del planeta pueden controlar lo que está sucediendo alrededor del mundo.

Eso nos ha obligado a cambiarlo todo. Hemos cambiado nuestra forma de actuar, de planificar, pero también nuestra forma de pensar. Ahora somos conscientes de que nuestros planes, que siguen siendo necesarios, deben incluir un grado de flexibilidad por si las cosas no salen como estaban previstas por un elemento totalmente ajeno a nuestro control.

Es curioso cómo, en mi entorno, creyentes y no creyentes acostumbramos a despedirnos con la coletilla «si Dios quiere». Por ejemplo, siempre decimos «Nos vemos mañana, si Dios quiere». Y en estos momentos este añadido a nuestras intenciones futuras cobra más sentido que nunca. Ahora entendemos que lo que nosotros no podemos controlar está bajo el control de Dios. Yo puedo planificar hasta cierto punto, pero después solo me queda añadir «si Dios quiere», sometiéndome a su voluntad, porque no voy a poder hacer nada que Dios no quiera que haga.

Hay unas palabras que, aunque fueron escritas hace unos dos mil años, en los últimos tiempos han cobrado un significado especial, más cercano y real para lo que estamos viviendo. Santiago 4:13-17 nos sitúa en el lugar que nos corresponde con respecto a Dios. Podemos hacer todos los planes del mundo, debemos hacerlos, pero siempre sabiendo que estos planes están bajo la soberanía de Dios y que solo llegarán a buen puerto si Dios lo permite. Nosotros somos los artífices de nuestros proyectos, pero porque Dios nos lo permite. Ser conscientes de esto nos debe dar paz, porque nos sabemos acompañados y cuidados por Dios. Y nos hace ser conscientes de que no lo podemos todo, que hay una parte que no nos corresponde a nosotros, que solo está en las manos de Dios. Tenemos la responsabilidad de hacer y planificar, pero al final de todo «Si Dios quiere haremos o no haremos».

Lectura bíblica

Presten atención, ustedes que dicen: «Hoy o mañana iremos a tal o cual ciudad y nos quedaremos un año. Haremos negocios allí y ganaremos dinero». ¿Cómo saben qué será de su vida el día de mañana? La vida de ustedes es como la neblina del amanecer: aparece un rato y luego se esfuma. Lo que deberían decir es: «Si el Señor quiere, viviremos y haremos esto o aquello». De lo contrario, están haciendo alarde de sus propios planes pretenciosos, y semejante jactancia es maligna. Recuerden que es pecado saber lo que se debe hacer y luego no hacerlo.

(Santiago 4:13-17)

Oración

Señor y Padre, gracias por hacernos conscientes de nuestra realidad. Gracias por hacernos conscientes de que estás ahí, que no estamos solos, que tu gracia y misericordia nos acompañan cada día. Gracias, Padre, porque el tiempo y el espacio te pertenecen y nada queda fuera de tu control. Amén.

DIECIOCHO

¿Y SI LO MALO NO LO FUERA TANTO?

(Romanos 8:28)

En algún otro capítulo de este libro te he mencionado que con casi 20 años me diagnosticaron un cáncer en el sistema linfático, un linfoma de Hodgkin. Vaya por delante que no tengo respuesta a la pregunta de por qué yo conseguí salir adelante y otras personas que han pasado por lo mismo no lo han conseguido. Y no creo que tenga respuesta para esa pregunta hasta que esté en la presencia de Dios.

Dicho esto, lo que sí te puedo decir es que con el pasar de los años puedo asegurar que lo que me pasó ya no lo veo como una especie de maldición, como muchos denominan a esta situación, sino todo lo contrario. Creo que lo que a la vista de todos (incluyendo la mía y la de mi familia) iba a ser lo peor que nos podía pasar, años después no puedo verlo así.

Antes de enfermar, mi vida se centraba en mí y solamente en mí. Jugaba al *rugby* y al baloncesto, estudiaba en la universidad, trabajaba unas horas para poder «subvencionarme» los caprichos, y no era capaz de mirar más allá de mí y mis intereses. Era un buen chico y no me metía en líos, estaba alejado del tema de las drogas, y el alcohol no me llamaba la atención. Sin embargo, yo era lo único importante.

Mi relación con Dios era bastante fría. Asistía a la iglesia, más por contentar a mi madre que por lo que pudiera aprender allí. Y aunque participaba en las reuniones de jóvenes de vez en cuando, mis compromisos deportivos hacían que me ausentara con bastante frecuencia.

Cuando llegó el cáncer, mi vida se paró por completo: tuve que dejarlo todo, y ya nada volvería a ser lo mismo. Después de una lucha interna con Dios, porque interpretaba que me estaba castigando por no serle todo lo fiel y comprometido que él demandaba, pasé por un estado de apatía en el que todo me daba igual. Estando en la cama del hospital creía verdaderamente que me iba a morir, por lo que no valía la pena seguir peleando. Cuanto antes terminara todo, mucho mejor. Sin embargo, llegó el día en que entendí que en realidad no quería morir, sino vivir. Y que quería tener una vida larga y feliz. Poco a poco las cosas fueron mejorando, y dos años después del diagnóstico salí del hospital y me enfrenté al resto de mi vida.

Como todas las personas somos diferentes, cada uno tenemos nuestro propio proceso de aprendizaje, por lo que quiero aclarar que todo lo que estoy contando es cómo yo viví el cáncer y cómo he gestionado mi vida desde entonces.

No quiero aburrirte con todas y cada una de las cosas que pasaron desde ese momento, pero sí te puedo decir que entendí que yo no era «el centro del universo», que había muchas personas cerca de mí que tenían sus propios sueños e ilusiones, pero también sus problemas. Y que yo quería ayudar a aquellos que, como yo, habían atravesado su particular desierto.

Empecé a prepararme para ello trabajando con gente joven, primero como voluntario y después de una manera formal. Me titulé como Director de actividades juveniles y también me licencié en Teología pastoral. Reenfoqué mi vida para servir a los demás. En medio de todo esto conocí a la que hoy es mi esposa, y juntos fundamos una editorial. Así que llevo cerca de veinte años[1] dedicado al pastorado en una pequeña iglesia al sur de Barcelona, y el mismo tiempo como editor.

Si te soy sincero, y recordando cómo era mi vida antes de tener cáncer, creo que si no hubiera parado en seco por la enfermedad, mi vida habría tomado un rumbo diferente. No sé si mejor o peor, y jamás lo sabré. Lo que sí te puedo confesar es que amo mi vida, me encanta lo que hago, tengo la mejor esposa y los mejores hijos del mundo y soy completamente feliz. Y creo de todo corazón que soy así porque Dios usó la enfermedad que estaba pasando para reenfocar mi brújula y marcar la dirección que él quería que tomase, y en la que sabía que yo sería completamente feliz.

---

1. Entre el tiempo que dediqué al grupo de jóvenes y desde el 2005 como pastor de la iglesia en dos etapas, con un breve descanso entre ellas de tres años.

Sé que Dios no me mandó el cáncer, porque Dios es amor y es bueno y no disfruta viendo a sus hijos sufrir, pero sí que transformó «la maldición» en una «bendición».

Me encantaría tener respuestas a todas las preguntas, pero no es así. Hace unos meses moría la hija de unos buenos amigos por el mismo cáncer que yo superé. Era una chica preciosa, de una familia estupenda, comprometidos con Dios y con su misión. Apenas llevaba casada tres o cuatro años, y el cáncer se la llevó. Y no te puedo decir por qué ella se fue y yo sigo aquí. Lo que te he contado en estas pocas líneas, desnudando mi vida en estas páginas, es mi historia, es cómo lo he vivido yo y lo que he aprendido, y que deseo que sea bueno para tu vida.

No obstante, aun sin todas las respuestas, sí que tengo la certeza de que Dios nos ama de todo corazón. Que su Palabra es verdad y que la promesa que hay en el texto que te comparto hoy es totalmente cierta. Te invito a que leas estas palabras y busques a Dios en medio de la tormenta, porque él no es ajeno a lo que estás pasando. Te ama y te quiere ayudar.

Lectura bíblica

Y sabemos que Dios hace que todas las cosas cooperen para el bien de quienes lo aman y son llamados según el propósito que él tiene para ellos.

(Romanos 8:28)

Oración

Bendito Dios, gracias por todas y cada una de las circunstancias por las que he pasado en mi vida, porque me han hecho como soy y me han traído hoy delante de tu presencia. Ayúdame a vivir cada día recordando la infinidad de veces en las que he visto tu mano en mi vida, y ayúdame a descansar junto a ti siempre. Amén.

DIECINUEVE

NO ESTAMOS SOLOS

(1 Corintios 12:12-31)

A mediados de abril de este año, ESPN y Netflix estrenaron *The last dance* [El último baile], una miniserie que narra la última temporada de Michael Jordan en los Chicago Bulls. Para los que somos apasionados de este deporte, este documental es una maravilla que nos lleva a conocer las entrañas del mejor jugador de baloncesto de todos los tiempos.

En un momento del segundo capítulo, toda la atención se centra en el mejor segundo de todos los tiempos, el acompañante ideal para Jordan, el gran Scottie Pippen.

Pippen jugó al lado de Jordan casi toda su carrera en los Chicago Bulls y fue uno de los líderes indiscutibles del equipo. Su valía fue reconocida por todos, de tal manera que formó parte de los equipos de los jugadores más valiosos en la NBA y fue elegido como jugador más valioso (MVP) en multitud de ocasiones.

Pippen había sido la estrella de su equipo en el instituto y en la universidad, pero al llegar a Chicago se dio cuenta de que el equipo jamás jugaría para él como lo habían hecho sus equipos anteriores.

La presencia del que iba a demostrar ser el mejor jugador de la historia del baloncesto iba a eclipsar, por lo menos en parte, a todos los demás jugadores del equipo, lo que podía ser un problema para alguno de los jugadores con los que compartía vestuario. Sin embargo, Pippen lo entendió perfectamente, se adaptó y se convirtió en la mano derecha de Jordan, ganando junto a él los seis campeonatos de la NBA que ganaron los Bulls.

Scottie Pippen habría sido, sin lugar a dudas, el número uno de cualquier equipo del mundo, sin embargo estaba jugando de «lugarteniente» de Michael Jordan. Su decisión de quedarse al lado de Michael fue fundamental para hacerlo crecer como jugador de una manera que jamás habría logrado en ningún otro equipo.

En el segundo capítulo de *The last dance*, Michael Jordan hace una declaración sobre algo que todos los que seguíamos a los Bulls en aquella época teníamos muy claro: «Yo no habría ganado los campeonatos sin Scottie Pippen a mi lado».

No es fácil que el mejor jugador del mundo haga una afirmación como esta, no es fácil que la haga una persona como Jordan, que es consciente de su fama y de su peso específico en la historia del baloncesto y de los Chicago Bulls, que no podrían haber hecho nada sin él. Jordan, con estas palabras, demostró que era totalmente consciente de que esto era verdad y que no podría haberlo hecho sin Pippen ni sin el resto de sus compañeros.

En los últimos años he liderado varios equipos en diferentes ámbitos: en la empresa, en la iglesia, en entidades sin ánimo de lucro… Y en todos y cada de uno de ellos he buscado la conjunción de capacidades para lograr un equilibrio casi perfecto en el conjunto. Esto solo es posible cuando potenciamos las capacidades individuales y colocamos a cada individuo en el lugar donde pueda desarrollar su máximo potencial.

Phill Jackson, entrenador de los Bulls en la época en que ganaron todos sus títulos, lo sabía hacer de maravilla.

Si somos sinceros, ni sabemos hacerlo todo, ni todo lo que sabemos lo hacemos de manera impecable. Todos tenemos capacidades, hay cosas que sabemos hacer excepcionalmente bien, en otras nos defendemos y hay otras que ojalá no nos toque intentarlas jamás porque sería un fracaso.

Cuando hablamos de la comunidad cristiana sucede lo mismo. No todos tenemos las capacidades para hacer las mismas cosas. En 1 Corintios 12, la Palabra de Dios nos habla de que cada creyente ha recibido un don como mínimo, un regalo, para ponerlo al servicio de la comunidad, porque la esencia de la comunidad cristiana es el servicio, la ayuda, el darnos a los demás. Entonces, si la Palabra nos dice que todos hemos recibido ese regalo, eso quiere decir que todos somos buenos en algo, y habrá cosas en las que no seremos tan buenos.

Cuando todos ocupamos nuestro lugar en la comunidad, esta funciona a la perfección, como cuando todos los jugadores hacían lo que tenían que hacer en los Bulls. Más que un equipo, parece una sinfonía. Pero para que todo esto cuadre y funcione, es imprescindible conocer nuestro sitio en medio de la comunidad y darnos el valor que tenemos en ese lugar. Como nos explica el texto que os propongo hoy, todos formamos parte del mismo cuerpo y todos somos necesarios.

Esta realidad, que podemos adaptar a todas las áreas de nuestra vida en las que trabajamos o convivimos con un grupo de personas, también nos enseña algo muy importante, y es que formando parte del equipo, nunca estoy solo.

Cuando «juego solo» no hay nadie que me levante al caer, pero tampoco hay nadie que me ayude y me corrija cuando me equivoco, porque sea cual sea mi posición en el equipo, me voy a equivocar y voy a tener que rectificar y reenfocarme. Estos versículos nos enseñan a entender que el equipo es una bendición, que formamos parte de una unidad que funciona mejor cuando todos ocupamos nuestro lugar, y que juntos es más fácil acertar y levantarnos cuando fallamos.

Lectura bíblica

El cuerpo humano tiene muchas partes, pero las muchas partes forman un cuerpo entero. Lo mismo sucede con el cuerpo de Cristo. Entre nosotros hay algunos que son judíos y otros que son gentiles; algunos son esclavos, y otros son libres. Pero todos fuimos bautizados en un solo cuerpo por un mismo Espíritu, y todos compartimos el mismo Espíritu.

Así es, el cuerpo consta de muchas partes diferentes, no de una sola parte. Si el pie dijera: «No formo parte del cuerpo porque no soy mano», no por eso dejaría de ser parte del cuerpo. Y si la oreja dijera: «No formo parte del cuerpo porque no soy ojo», ¿dejaría por eso de ser parte del cuerpo? Si todo el cuerpo fuera ojo, ¿cómo podríamos oír? O si todo el cuerpo fuera oreja, ¿cómo podríamos oler?

Pero nuestro cuerpo tiene muchas partes, y Dios ha puesto cada parte justo donde él quiere. ¡Qué extraño sería el cuerpo si tuviera solo una parte! Efectivamente, hay muchas partes, pero un solo cuerpo. El ojo nunca puede decirle a la mano: «No te necesito». La cabeza tampoco puede decirle al pie: «No te necesito».

De hecho, algunas partes del cuerpo que parecieran las más débiles y menos importantes, en realidad, son las más necesarias. Y las partes que consideramos menos honorables son las que vestimos con más esmero. Así que protegemos con mucho cuidado esas partes que no deberían verse, mientras que las partes más honorables no precisan esa atención especial. Por eso Dios ha formado el cuerpo de tal manera que se les dé más honor y cuidado a esas partes que tienen menos dignidad. Esto hace que haya armonía entre los miembros a fin de que los miembros se preocupen los unos por los otros. Si una parte sufre, las demás partes sufren con ella y, si a una parte se le da honra, todas las partes se alegran.

Todos ustedes en conjunto son el cuerpo de Cristo, y cada uno de ustedes es parte de ese cuerpo. A continuación hay algunas de las partes que Dios ha designado para la iglesia:

en primer lugar, los apóstoles;
en segundo lugar, los profetas;

en tercer lugar, los maestros;
luego los que hacen milagros,
los que tienen el don de sanidad,
los que pueden ayudar a otros,
los que tienen el don de liderazgo,
los que hablan en idiomas desconocidos.

¿Acaso somos todos apóstoles? ¿Somos todos profetas? ¿Somos todos maestros? ¿Tenemos todos el poder de hacer milagros? ¿Tenemos todos el don de sanidad? ¿Tenemos todos la capacidad de hablar en idiomas desconocidos? ¿Tenemos todos la capacidad de interpretar idiomas desconocidos? ¡Por supuesto que no! Por lo tanto, ustedes deberían desear encarecidamente los dones que son de más ayuda.

(1 Corintios 12:12-31)

Oración

Señor, muchas gracias por mi familia. Gracias porque cada uno de ellos me ayuda a ser mejor persona. Gracias porque juntos somos mejores. Gracias por cada hermano y hermana en la iglesia. Gracias por todo lo que aportan a mi vida. Cuídalos y guárdalos de todo mal y bendícelos siempre. Amén.

VEINTE

¿QUÉ HAGO SI NO ESTÁ EN MIS MANOS?

(Mateo 6:25-33)

Tengo un amigo que vive en la zona de Valencia, en España, donde se cultivan las naranjas y mandarinas más buenas del mundo. Siempre que nos vemos acabo con un cajón de naranjas en mi coche para la delicia de la familia, sobre todo de mi hija, que estaría comiendo naranjas todo el día.

Mi amigo tiene un par de camiones y trabaja para los agricultores que cultivan la tierra. Cuando llega la época de la recolección, va con sus cuadrillas a los campos a recoger la fruta, ponerla en los camiones y llevarla a la cooperativa que la comercializa. Para hacer esto, los camiones deben tener algunas características especiales: han de ser lo suficientemente estrechos para pasar entre los árboles y no romper las ramas, y lo suficientemente altos como para que cada viaje sea rentable.

Hace unos años conocí a uno de los agricultores que trabajan la naranja y me explicó cómo funcionaba su trabajo. Me contó todo lo que estaba en su mano para cultivar unas naranjas estupendas, y todo lo que quedaba en las manos de la naturaleza. El agricultor trabaja duro, labra la tierra, limpia las malas hierbas, poda las ramas que sobran o que han muerto, está pendiente de que no falte el agua, vigila las posibles plagas que pueden dañar el árbol y un montón de cosas más. Pero después de todo eso está lo que el agricultor no controla. Lo que queda en las manos de la naturaleza. Y es que la naturaleza puede hacer que la campaña sea una maravilla o que sea una auténtica desgracia. Una granizada, una inundación, una sequía o un temporal de viento pueden arruinar el trabajo de todo un año en unos pocos minutos.

Cuando me lo explicaba, por una parte pensaba si le compensaría ese trabajo con tantas cosas que quedaban fuera de su control, porque sí que es verdad que en todos los ámbitos laborales hay cosas que quedan fuera de nuestro control, pero en el caso del campo me parecía que el riesgo era altísimo. Después entendí que la incertidumbre, lo que quedaba en las manos de la naturaleza, sí que era importante, pero que si fuera tan arriesgado como a mí me había parecido, estos agricultores no llevarían trabajando la tierra por generaciones.

Los acontecimientos que están ocurriendo desde hace unos meses[2] han traído de nuevo esta historia a mi memoria. Cada uno de nosotros somos responsables, en gran medida, de lo que ocurre en nuestras vidas.

---

2. En los momentos en que escribo este libro estamos en cuarentena por causa de la COVID-19, que ha afectado a prácticamente todo el mundo en los primeros meses del año 2020.

Pero también hay un porcentaje de responsabilidad que no nos pertenece, porque hay cosas que no podemos controlar. Hay circunstancias que no podemos manejar y ahí nos toca dar un paso de fe para vivir cada día. De la misma manera que el agricultor sabe que debe dejar en las manos de la naturaleza una gran parte del futuro de su cosecha, y que dependiendo de cómo esta actúe será genial o será un fracaso, nosotros debemos ser conscientes de que hay una parte de nuestra vida que no podemos controlar.

Uno de los temores más grandes en la sociedad en la que nos movemos es la pérdida del empleo. El temor a perder la fuente de ingresos que ayuda a mantener a la familia es una de las cosas que más pánico da, sobre todo en los momentos de incertidumbre económica.

En la época de Jesús esto era, si cabe, mucho más duro y complicado. No había prestaciones por desempleo, ni seguridad social, ni banco de alimentos, ni ninguna de las ayudas que hoy en día tenemos en nuestra sociedad. Y es por eso que las palabras de Jesús que hoy quiero compartir contigo tienen un valor tan especial.

Es Jesús mismo quien nos dice que no nos preocupemos más de la cuenta, que Dios conoce lo que necesitamos y no va a dejarnos desamparados. Que no perdamos el tiempo en esos pensamientos; el incrédulo es el que piensa en eso porque no tiene esperanza en su vida, pero nosotros le tenemos a él, y él no nos abandona.

Me llama la atención cuando al final de este texto dice así: «Busquen el reino de Dios por encima de todo lo demás y lleven una vida justa, y él les dará todo lo que necesiten». Buscar el reino de Dios es crear espacios donde Dios reina, donde sus leyes son las que imperan y donde se imparte la justicia. También menciona que llevemos una vida justa y que él nos dará todo lo que necesitemos.

Ambas frases apuntan en la misma dirección, la de nuestra relación con los demás. La vida justa implica vida en comunidad, ya que es en comunidad cuando podemos ser justos, en las relaciones con los demás. Y cuando menciona que busquemos el reino de Dios, lo que está indicando es que allí donde haya un hijo de Dios, en nuestro comportamiento se demuestre que Dios reina en nosotros, y esto solo es posible cuando nos relacionamos con otros y respondemos a las circunstancias de esa relación.

En definitiva, lo que Dios nos pide es que, en lo que depende de nosotros, seamos justos allí donde estemos y con quien estemos. Que en nuestro quehacer diario hagamos visible el reino de Dios y su justicia, y que no nos preocupemos porque Dios cuida de nosotros.

Te invito a reflexionar en estas palabras y a que leas este texto con atención. Después, tómate unos minutos más y lee Mateo 5-7, donde se encuentra el famoso sermón del monte, donde verás a qué temas les da Jesús una especial atención. Puedes tener la certeza de que Dios no te deja ni te desampara.

Lectura bíblica

«Por eso les digo que no se preocupen por la vida diaria, si tendrán suficiente alimento y bebida, o suficiente ropa para vestirse. ¿Acaso no es la vida más que la comida y el cuerpo más que la ropa? Miren los pájaros. No plantan ni cosechan ni guardan comida en graneros, porque el Padre celestial los alimenta. ¿Y no son ustedes para él mucho más valiosos que ellos? ¿Acaso con todas sus preocupaciones pueden añadir un solo momento a su vida?

»¿Y por qué preocuparse por la ropa? Miren cómo crecen los lirios del campo. No trabajan ni cosen su ropa; sin embargo, ni Salomón con toda su gloria se vistió tan hermoso como ellos. Si Dios cuida de manera tan maravillosa a las flores silvestres que hoy están y mañana se echan al fuego, tengan por seguro que cuidará de ustedes. ¿Por qué tienen tan poca fe?

»Así que no se preocupen por todo eso diciendo: "¿Qué comeremos?, ¿qué beberemos?, ¿qué ropa nos pondremos?". Esas cosas dominan el pensamiento de los incrédulos, pero su Padre celestial ya conoce todas sus necesidades. Busquen el reino de Dios por encima de todo lo demás y lleven una vida justa, y él les dará todo lo que necesiten».

(Mateo 6:25-33)

Oración

Señor Jesús, gracias por tu fidelidad infinita. Te ruego que proveas cada día todo lo que necesito, que bendigas mi hogar y mi familia, y me ayudes a reflejar tu generosidad y misericordia cada día de mi vida. Amén.

VEINTIUNO

DOLOROSAS VERDADES

(Mateo 26:69-75)

Una de las frases que menos nos gusta escuchar es «te lo dije». Equivocarse no es plato de buen gusto para nadie, pero si añadimos que nos avisaron de que nos íbamos a equivocar, que no hicimos caso y tomamos la dirección que creímos más oportuna, cargados de toda nuestra razón y discernimiento, entonces el «golpe» duele más. Duele en nuestro orgullo, porque nos creíamos cargados de razón, y porque aunque nos avisaron de que íbamos mal encaminados, seguimos empecinados en seguir nuestro rumbo. A pesar de las indicaciones, nos creímos más listos o mejor preparados que aquellos que nos estaban aconsejando.

Por eso, cuando después del fracaso escuchamos «te lo dije», nos duele casi más que el fracaso en sí.

¿Te has sentido así alguna vez? Te aseguro que sí. Si has pasado por la adolescencia, seguro que te has equivocado y que alguien ha usado la lapidaria frase «te lo dije».

A mí me ha pasado muchas veces, y no solo de adolescente. Me he equivocado a pesar de que me avisaron de que eso sucedería, y no quise escuchar. Y es que el orgullo es un mal consejero. Creer que tenemos razón siempre es una de las peores cosas que hay. Nos llevará a equivocarnos, pero lo peor de todo es que nos llevará a no escuchar porque creemos que nosotros tenemos la razón en todo y sobre todos.

Sumemos a todo esto que, bien nos digan «te lo dije» con palabras o con una mirada, nuestro orgullo quedará herido y nos sentiremos humillados. Pero si somos sinceros, nos sentiremos humillados por nuestra propia actitud, al no querer reconocer que podríamos estar equivocados y obstinarnos en nuestra opinión.

Recuerdo cómo en una ocasión mis padres querían viajar a visitar a mi abuela desde nuestra ciudad a Barcelona. Nosotros vivimos al sur de Barcelona, a 90 km. Cuando llegaron a la autopista solo había dos posibles direcciones: a Barcelona dirección norte o a Lleida dirección sur. Cuando llevaban unos minutos conduciendo, mi madre se percató de que los nombres de los pueblos en las salidas de la autopista no eran los que veían normalmente cuando íbamos a Barcelona. Y así se lo hizo saber a mi padre varias veces. Pasados unos minutos más, mi padre cerró la conversación con: «¿Quién está conduciendo, tú o yo? A ver si no voy a saber ir a casa de mi madre».

Pasados veinte minutos más apareció la señal «Lleida 11 km». Ambos vieron la señal y fueron conscientes del error, que solo hubiera pasado a la historia como un error si no hubiera sido por la famosa respuesta de mi padre. Y digo famosa porque de esta historia han pasado unos diez años y, aún hoy, cuando nos juntamos en casa y tenemos una acalorada conversación entre mis hermanos, mi padre y yo acerca de una fecha, un lugar o el fútbol, uno de nosotros zanja la conversación con «¿Quién está conduciendo, tú o yo? A ver si no voy a saber ir a casa de mi madre», molestando a mi padre y generando carcajadas en el resto de la familia.

Esta historia está cargada de humor porque la equivocación no tuvo más consecuencias que invertir dos horas para hacer un viaje en el que se tarda menos de una hora. Sin embargo, en muchas ocasiones estas circunstancias son un verdadero drama.

Hay ocasiones en las que tomamos decisiones equivocadas cuyas consecuencias son desastrosas, y no solo me afectan a mí, sino que también pueden llevarse por delante a otras personas. Una mala decisión financiera, un mal negocio avalado por tu vivienda, un cambio de trabajo por algo mejor que después no lo fue tanto… Hay muchas malas decisiones con consecuencias desastrosas, y si a esto añadimos que en cierto modo estábamos avisados de que era una mala idea ir por ese camino, nos encontramos con las consecuencias de la decisión y con la humillación por haberla tomado.

Ninguno estamos libres de tomar malas decisiones, porque al fin y al cabo la vida son decisiones. Desde que nos levantamos por la mañana hasta que nos volvemos a la cama por la noche estamos tomando decisiones. Muchas de estas decisiones las tomamos de forma mecánica y ya ni las pensamos, como lavarnos los dientes o ponernos las gafas, pero otras sí que hemos de pensarlas. La hora a la que me voy a levantar, la ropa que me voy a poner, si voy caminando o en coche al trabajo, si almuerzo en casa, en la oficina o salgo a un restaurante… todo son decisiones.

La mayoría no tienen mayores consecuencias. Hay escasas repercusiones, excepto para el buen gusto, si hoy decides combinar un pantalón de cuadros con una camisa de rayas. Sin embargo, las consecuencias son terribles si decides conducir tu coche después de tomar alcohol.

Hay una época en la vida en la que equivocarse y tomar pequeñas decisiones erróneas es casi necesario para nuestro proceso de crecimiento, y esa etapa es la adolescencia, la juventud. Esos pequeños errores nos ayudan a formarnos y a crecer. Los errores en la adolescencia y la juventud nos enseñan que hay malas decisiones que tienen consecuencias, y que esas consecuencias son nuestra responsabilidad. Seguramente, en esos momentos escucharás la frase «te lo dije» y lo pasarás doblemente mal.

Pedro era un hombre impetuoso. Su hermano y él eran apodados «los hijos del trueno», y varias veces vemos a lo largo de la Biblia cómo se lo tenían bien ganado. Pedro había demostrado en muchas ocasiones que era muy impulsivo, casi bravucón podría decirse. Cuando Jesús caminó sobre las aguas, ahí quería ir Pedro. Cuando Jesús lavó los pies a los discípulos, Pedro se negó. Cuando vinieron a arrestar a Jesús, Pedro fue el único que sacó la espada. Cuando Jesús le dijo que lo negaría tres veces antes de que el gallo cantara, casi llegó a enfadarse con él; sin embargo, así sucedió. Pedro tuvo miedo y se equivocó. Jesús lo había avisado y aun así lo negó.

Pedro no necesitó escuchar en boca de Jesús «te lo dije» porque, como nos explica la Biblia, en el mismo momento de negarlo por tercera vez, las palabras de Jesús «pasaron rápidamente por la mente de Pedro, que salió corriendo y lloró amargamente». Pedro fue consciente en ese momento de la dolorosa verdad: había traicionado a Jesús a pesar de estar avisado.

En ese mismo instante Pedro se arrepintió enormemente, sus lágrimas demostraban la amargura que tenía consigo mismo y cómo su corazón se quebrantó por el dolor.

Muchas veces nos sentimos de esa manera cuando somos dolorosamente conscientes de nuestros errores y equivocaciones, y si es así, y no hay orgullo ni rencor en nuestro corazón, entonces estamos en la dirección adecuada. Cuando nos equivocamos debemos arrepentirnos, asumir las consecuencias y seguir adelante.

Si no conoces la Biblia te invito a que, después de leer el texto que te propongo en este día, leas Juan 21, donde encontrarás cómo Jesús, después de resucitar y en su infinito amor, preguntó a Pedro tres veces si le amaba, a lo que Pedro contestó que sí sin dudarlo. Tres preguntas y tres respuestas que borraban tres negaciones y que iniciaban el gran ministerio que Pedro tendría.

Todos nos vamos a equivocar, todos vamos a fallar, eso es inevitable. Donde vamos a marcar la diferencia es en asumir nuestra responsabilidad, enmendar los errores en cuanto podamos y seguir adelante.

Lectura bíblica

Mientras tanto, Pedro estaba sentado afuera en el patio. Una sirvienta se acercó y le dijo:

—Tú eras uno de los que estaban con Jesús, el galileo.

Pero Pedro lo negó frente a todos.

—No sé de qué hablas —le dijo.

Más tarde, cerca de la puerta, lo vio otra sirvienta, quien les dijo a los que estaban por ahí: «Este hombre estaba con Jesús de Nazaret».

Nuevamente, Pedro lo negó, esta vez con un juramento. «Ni siquiera conozco al hombre», dijo.

Un poco más tarde, algunos de los otros que estaban allí se acercaron a Pedro y dijeron:

—Seguro que tú eres uno de ellos; nos damos cuenta por el acento galileo que tienes.

Pedro juró:

—¡Que me caiga una maldición si les miento! ¡No conozco al hombre!

Inmediatamente, el gallo cantó.

De repente, las palabras de Jesús pasaron rápidamente por la mente de Pedro: «Antes de que cante el gallo, negarás tres veces que me conoces». Y Pedro salió llorando amargamente.

(Mateo 26:69-75)

Oración

Señor, te pido perdón por la cantidad de errores que he cometido en mi vida. Perdón por el daño que haya podido ocasionar a algunas personas y por mi orgullo. Ayúdame cada día a caminar junto a ti y seguir tu Palabra. Amén.

VEINTIDOS

ES CUESTIÓN DE PERSPECTIVA

(Jeremías 29:11-14)

La primera vez que estuve en el Camp Nou me quedé impresionado. Había estado en varios estadios de fútbol más pequeños cuando era jugador de *rugby*, porque cuando yo empecé a jugar, en España muchos clubs compartían estadio con equipos de fútbol. Pero nada comparado con el estadio del Fútbol Club Barcelona.

Cuando entras por primera vez en el estadio te das cuenta de lo inmenso que es. Más de 90.000 personas se reúnen en un mismo lugar para presenciar uno de los mayores espectáculos del mundo. Ese día, la primera vez, te da igual desde dónde vas a ver el partido, lo importante es que estás ahí. Estás viendo al equipo que llevas siguiendo desde que tienes recuerdos, y todo lo demás da igual.

Años después pude visitar el Santiago Bernabéu, el estadio del Real Madrid, y una de las primeras cosas en las que me fijé es que desde ambos estadios puedes ver bien el partido desde cualquier sitio. Evidentemente no es lo mismo estar en un palco que en lo que se conoce popularmente como el gallinero, pero puedes ver el espectáculo.

Cuando te sientas en las primeras filas, y si estás en la parte central del estadio, puedes escuchar cómo hablan los jugadores, cómo intercambian opiniones, gritan, celebran... Pero eso no lo puedes ver desde la última grada. Es cuestión de perspectiva.

Hay otras perspectivas que te permiten disfrutar del mismo espectáculo. Puedes ver el partido por televisión y lo puedes escuchar por la radio. Aquí las sensaciones son muy diferentes a si estás en el estadio, pero también tiene su emoción. Diferentes maneras de ver el mismo partido desde distintos puntos de vista.

Sin embargo, hay dos grupos de personas que, estando en el mismo evento, a la misma hora y viéndolo desde la misma perspectiva, van a ver dos partidos diferentes. Y esos son los dos equipos. Los dos equipos van a ver dos partidos diferentes, aun jugando el mismo encuentro. Porque todo es cuestión de perspectiva.

Pau Donés, el cantante de Jarabe de Palo, decía en una canción: «Depende, de qué depende, de según cómo se mire todo depende», porque todo, absolutamente todo, es cuestión de perspectiva.

El director general no puede ver la compañía de la misma manera que uno de sus comerciales o que una persona que gestiona el almacén. Cada uno, aun trabajando en la misma empresa, la ve de manera muy diferente; por lo tanto, ninguno podría tomar decisiones en el campo del otro con la garantía de hacerlo bien, ya que no lo haría desde la perspectiva adecuada.

Algo parecido pasa con la edad. Cuando veo cómo razona mi hija (14 años) frente a algunos temas, no puedo dejar de recordar que es prácticamente igual a cómo lo hacía yo a su edad. En el momento en que ella expone su punto de vista, lo hace completamente convencida de que tiene razón y que el resto del mundo se equivoca. La cuestión es que ella no es capaz, como ninguno de nosotros lo éramos, de tomar en cuenta los treinta años de experiencia que nos separan. Y que mi perspectiva es mucho más amplia solo por el hecho del tiempo que ha pasado.

Una de las características de los mejores directivos es ver más allá del aquí y el ahora. Muchas personas solo son capaces de hacer análisis cortoplacistas. No ven más allá de la situación actual, y sus reflexiones y actuaciones lo más que hacen es poner parches a la situación, sin sentar las bases para que las cosas se solucionen de una manera definitiva.

Por ejemplo, en situaciones de crisis o emergencia podemos ver cómo muchos políticos solo son capaces de tomar decisiones «que dan un poco de aire al que se ahoga, pero sin darle un flotador que salve su vida». Y sin esta altura de miras no logran jamás mejorar la vida de las personas.

Hemos de confesar que en muchas ocasiones también nosotros actuamos así en nuestras propias vidas. Tomamos decisiones mirando únicamente el aquí y el ahora, y no somos capaces, quizás abrumados por la situación que estamos viviendo, de ver qué pasará el día después.

Cuando estamos en medio de alguna situación realmente difícil, lo que queremos es solucionarla de manera rápida y con el menor daño posible, y tomamos las decisiones en función de ese deseo y esa necesidad. Y desde luego que esto no es nada censurable, queremos solucionar las cosas y tomamos decisiones. Sin embargo, tenemos que analizar que estas decisiones que tomamos no sean «pan para hoy y hambre para mañana»; necesitamos intentar ver más allá, tener una perspectiva mayor, y hay veces que eso es imposible.

Ser conscientes de nuestras limitaciones nos ayuda a colocarnos en el lugar correcto. No lo sabemos todo, y no lo podemos saber. Tenemos límites y carencias, aunque no nos guste reconocerlo. Somos seres finitos y limitados y nuestra respuesta ante las circunstancias de la vida también lo es.

Sin embargo, Dios no es así. Dios es el dueño del tiempo y del espacio. Es el Creador y nada, absolutamente nada, queda fuera de su control. Si reconocemos a Dios como nuestro Dios, hemos de reconocer que, en este punto, su perspectiva es totalmente diferente de la nuestra.

Una vez, con 19 años, tuve que volar desde Valencia a Mallorca. Era una noche muy clara del mes de febrero y el avión iba medio vacío. Me senté junto a la ventanilla para poder ver bien el despegue, ya que había viajado muy pocas veces en avión. Recuerdo que, al despegar, subimos muy deprisa y el avión hizo una parábola cuando estaba entrando en el mar. En ese momento el piloto dijo: «Si se asoman por las ventanillas del lado izquierdo del avión podrán ver Valencia iluminada, al mismo tiempo que empezamos a ver Mallorca iluminada». La distancia en línea recta entre Valencia y Mallorca es de 275,4 kilómetros. He estado en Valencia muchas veces, en Mallorca no tantas, pero os puedo asegurar que ni con la mejor visibilidad el ojo humano puede ver a 275,4 kilómetros de distancia. Sin embargo, desde el aire, volando, sí que lo pudimos ver.

Algo parecido pasa con Dios. Cuando Dios nos mira, no lo hace como nosotros somos capaces de mirarnos. Cuando Dios nos mira lo hace desde su deidad. Lo hace desde un punto de vista que podemos intentar imaginar pero que no podemos comprender. Somos demasiado pequeños comparados con Dios como para comprender y entender la perspectiva que tiene de la humanidad. Dios ve todo aquello que nosotros no somos ni capaces de intuir. Por eso las palabras que encontramos en el libro del profeta Jeremías son tan impactantes. Cuando las leo me invade un sentimiento de paz porque sé que Dios ve lo que yo no veo, y nada queda fuera de su control.

Te invito a leer estas palabras y pensar en todas aquellas cosas que ahora no ves cómo solucionar, esas circunstancias que te generan estrés y agobio, y que descanses en que el Señor tiene el control de todo. Confía en sus promesas y descansa en su Palabra.

Lectura bíblica

«Pues yo sé los planes que tengo para ustedes —dice el Señor—. Son planes para lo bueno y no para lo malo, para darles un futuro y una esperanza. En esos días, cuando oren, los escucharé. Si me buscan de todo corazón, podrán encontrarme. Sí, me encontrarán —dice el Señor—. Pondré fin a su cautiverio y restableceré su bienestar. Los reuniré de las naciones adonde los envié y los llevaré a casa, de regreso a su propia tierra».

(Jeremías 29:11-14)

Oración

Señor y Padre, te ruego que me des descanso. Que tu paz me acompañe siempre. Que ante lo que yo no soy capaz de ver, tú me des luz, y ante lo que me genera incertidumbre, que vea tu mano tomando el control. Gracias por tu amor infinito y por tu paz en medio de la tormenta. Amén.

VEINTITRÉS

APRENDIENDO A VER LO QUE NO SE VE

(Hebreos 11)

Tengo un amigo que es experto en el tema de las setas. Cada año, cuando empieza la temporada de *bolets* en Cataluña, sale varias veces por semana a buscar setas. Tiene una habilidad especial para ver lo que nadie ve. Un pequeñísimo montículo, casi inapreciable, de hojas de pino le indica dónde encontrar su botín. La inclinación de los arboles, dónde da más el sol y dónde quedan las zonas más húmedas… El tema es que él es capaz de ver las setas donde nadie más es capaz de hacerlo.

Siempre he admirado esa capacidad, porque las pocas veces que he salido por el monte a buscarlas, acompañando a personas que sabían mucho más que yo, lo que no es nada difícil, he terminado cansado, a veces mojado, y las setas que me he llevado a casa ha sido por la caridad de mis compañeros de aventura.

Anécdotas aparte, todos tenemos la capacidad de ver más allá de lo que se ve a simple vista. Todos somos capaces de tener un importante nivel de fe, de confiar en que lo que no vemos está ahí.

Cada noche, cuando nos vamos a la cama, lo hacemos con la absoluta certeza de que por la mañana amanecerá de nuevo. A medianoche no somos capaces de ver el sol porque no está ahí, pero sí que somos capaces de ver lo que viene.

Esa misma fe la experimentamos en otros ámbitos de la vida, porque hay muchas cosas que no entendemos muy bien cómo suceden, pero tenemos la certeza de que pasarán. Por ejemplo, la llegada del verano después de la primavera, o de la lluvia después de los truenos.

Este nivel de fe lo compartimos con toda la humanidad. Todos, en mayor o menor medida, tenemos la certeza absoluta de que, aunque no las veamos, hay ciertas cosas que pasarán para que el mundo funcione. Sin embargo, hay otro nivel de fe que va mucho más allá. Es cuando esperamos, cuando deseamos que algo suceda, aunque no seamos capaces de ver cómo.

La fe es una de las disciplinas espirituales de las que más se ha hablado y debatido. La definición de la fe la encontramos en el libro a los Hebreos, capítulo 11: «La fe es la confianza de que en verdad sucederá lo que esperamos; es lo que nos da la certeza de las cosas que no podemos ver».

La fe es la confianza absoluta que depositamos en Dios, y en que él siempre obra a favor de su pueblo, de su iglesia. Es la certeza de que, aunque no veamos la luz «al final del túnel», ese final está ahí delante.

La Biblia nos dice que la fe mueve montañas y que sin fe es imposible agradar a Dios, y es que este es uno de los temas centrales en las Escrituras. La fe es fundamental en el seguimiento de Jesús porque, como dice mi hijo pequeño (5 años): «Papá, ¿cómo sabes que Dios escucha cuando oramos si no lo ves?». Sabemos que Dios escucha porque nuestra confianza, nuestra fe, está depositada en él.

La fe es fundamental en la vida cristiana, ya que aceptamos por fe la salvación de nuestro Señor Jesús y sus promesas, vivimos por fe porque así nos lo enseña Jesús.

Todo esto en cuanto a nuestra relación con Dios y su Palabra, pero después llegan los momentos en los que tenemos que poner en práctica toda esa fe. Llegan esos momentos de luchas internas, donde necesitamos confiar en que las cosas saldrán bien a pesar de que todos los indicadores lógicos que vemos a nuestro alrededor nos digan lo contrario.

Nos acercamos a Dios con fe cuando presentamos delante de él un problema que no está en nuestra mano solucionarlo. Buscamos la dirección de Dios en medio de las circunstancias que somos conscientes que nos quedan grandes. Porque de la misma manera que estamos convencidos de que el sol sale cada mañana por el horizonte, confiamos en que Dios tiene el control de todas las cosas.

Y creemos esto de una manera absoluta porque conocemos a Dios a través de su Palabra y sabemos cómo ha actuado a favor de su pueblo, de su iglesia, a través de toda la historia. Entonces, la lectura de su Palabra se torna fundamental para el crecimiento de nuestra fe, de nuestra confianza en él.

Estoy seguro de que mi amigo no se ha convertido en un experto buscando setas en dos o tres veces que haya salido al monte a pasear. Esa es una «sabiduría» que se obtiene con los años, saliendo mucho y escuchando a los que salieron antes que tú y aprendieron cómo hacerlo. La fe es, en cierto sentido, parecida. Tienes fe cuando conoces cómo es Dios, cuando sabes todo lo que ha hecho en el pasado por la humanidad, y eso viene por el conocimiento de su Palabra. Así lo expresa Pablo en la carta a los Romanos:

> Así que la fe es por el oír, y el oír, por la palabra de Dios.
> (Romanos 10:17)

Si necesitas fe, y todos la necesitamos, si te falta, y a todos nos ha faltado, la respuesta pasa por conocer más de la Palabra de Dios. Cuanto más conocemos de Dios y de su Palabra, más certeza tendremos de que Dios va a intervenir a favor nuestro. De que Dios nos está cuidando.

Te invito a reflexionar en estos dos textos, el que acabamos de leer de Romanos y el de Hebreos, porque la fe es fundamental para caminar junto a Dios.

Lectura bíblica

La fe es la confianza de que en verdad sucederá lo que esperamos; es lo que nos da la certeza de las cosas que no podemos ver. Por su fe, la gente de antaño gozó de una buena reputación. Por la fe entendemos que todo el universo fue formado por orden de Dios, de modo que lo que ahora vemos no vino de cosas visibles.

(Hebreos 11:1-3)

Oración

Señor, abre mis ojos para ver que tú estás junto a mí. Dame la fe para mirar al futuro con la certeza de que no me dejarás y que me estás cuidando siempre. Gracias por tu infinita misericordia. Amén.

VEINTICUATRO

AMAR ES MÁS SENCILLO

(1 Corintios 13)

En los años que llevo dedicándome al mundo editorial, he trabajado con multitud de autores y he publicado cientos de libros, algunos con nuestros propios sellos y otros con sellos de nuestros clientes. Estoy especialmente orgulloso de muchos de los libros que he publicado, y muchos de estos escritores se han convertido en verdaderos amigos.

Pero quisiera dar el reconocimiento y el mérito debidos a la persona que me abrió las puertas al mundo de los libros, que además era un gran autor y mejor persona y, ante todo, era mi amigo. David Solà puso delante de mí la posibilidad de publicar sus libros allá por el año 2001, y ese fue el inicio de un proyecto que, aunque él falleció hace unos años, por mi parte no ha concluido, y sigo cuidando de mantener vivas sus publicaciones.

Entre los muchos libros que escribió está *Amar es más sencillo*[3]. Si hay algo que David hacía muy bien era simplificar las cosas. Él veía cómo las personas nos complicábamos la vida con cuestiones que eran mucho más sencillas, y que enredar tanto todo no traía más que problemas. Por eso dedicó varios libros a este tema, las relaciones y lo que las mueve. Y dentro de todo lo que mueve una relación, lo más importante y más tergiversado es el tema del amor.

David sostenía en su libro que «amar es sencillo, siempre que el objetivo sea amar y no otro». Y es que las relaciones se tuercen cuando amamos a la otra persona porque esperamos algo a cambio. Muchas veces se ama para ser amados, y no por el solo hecho de amar. Otras veces se ama para sabernos cuidados, protegidos o para no sentirnos solos. Cuando se ama con un interés oculto, en el momento en que pensamos que otra persona puede satisfacer mejor nuestras necesidades no dudamos en cambiar de persona, porque el objetivo final es satisfacer mis demandas. Cuando entendemos esto, cambia totalmente la manera en la que vemos nuestras relaciones. Si dos personas se aman solo con la intención de amar, sin esperar nada a cambio, es muy difícil que se rompa esa relación. Si la satisfacción la obtenemos en el dar, no habrá decepciones en el camino, superaremos el conflicto y edificaremos un hogar fuerte.

Ese es el amor que recibimos de parte de Dios. Dios nos ama, independientemente de nuestra respuesta. Dios quiere tener una relación con nosotros por lo

---

3. David Solà, *Amar es más sencillo* (Carol Stream: Tyndale, 2017).

que somos, no por lo que le podemos dar. Es un amor incondicional. Es el amor del padre en la historia del hijo pródigo, que salía todos los días a la puerta de la casa para ver si su hijo regresaba, a pesar de que el hijo lo había rechazado y se había marchado a vivir la vida, olvidándose de él.

Es lo que sientes cuando tienes a tu hijo o a tu hija en brazos por primera vez. Ese bebé lo único que ha hecho para merecer todo tu amor es nacer, estar ahí. La interacción en ese momento va en una sola dirección: tú como padre o madre besas, abrazas, acaricias, lo acercas a tu pecho, y el bebé permanece dormido en tus brazos, y eso es más que suficiente para ti. Te sientes pleno de amor, porque el amor que das también te llena a ti.

Te voy a hacer un regalo especial: si no has leído ya *Amar es más sencillo*, hazlo. Van a cambiar muchas cosas en tu vida.

Que el amor mueve el mundo es algo que todos sabemos. No hay nadie con más motivación que unos padres buscando el bien para sus hijos. Nada es más importante.

Si eres cristiano estoy seguro de que habrás leído en multitud de ocasiones 1 Corintios 13. Hemos escuchado este texto en bodas, en predicaciones y hasta lo tenemos en nuestros hogares en forma de cuadro o postal. También hemos acudido a Dios en momentos dolorosos, cuando nuestra relación tenía aristas que pulir, cuando nos sentíamos heridos, cuando hemos hecho daño, cuando teníamos que reconstruir lo que más queríamos.

Pablo nos abre los ojos ante lo que ya intuíamos a lo largo de toda la Palabra, que el amor es lo más importante del mundo. Por amor Jesús murió en la cruz, por amor cargó con nuestros pecados y nos dio la oportunidad de reconciliarnos con Dios. Por amor recibimos el regalo más importante del mundo. Por amor lleva Dios intentando reconciliarse con el ser humano, a pesar de sus múltiples desplantes, desde el mismo momento de la caída.

Por supuesto que sí, por supuesto que el amor mueve el mundo, y si no tengo amor, nada soy.

Lectura bíblica

Si yo hablase lenguas humanas y angélicas, y no tengo amor, vengo a ser como metal que resuena, o címbalo que retiñe. Y si tuviese profecía, y entendiese todos los misterios y toda ciencia, y si tuviese toda la fe, de tal manera que trasladase los montes, y no tengo amor, nada soy. Y si repartiese todos mis bienes para dar de comer a los pobres, y si entregase mi cuerpo para ser quemado, y no tengo amor, de nada me sirve.

El amor es sufrido, es benigno; el amor no tiene envidia, el amor no es jactancioso, no se envanece; no hace nada indebido, no busca lo suyo, no se irrita, no guarda rencor; no se goza de la injusticia, mas se goza de la verdad. Todo lo sufre, todo lo cree, todo lo espera, todo lo soporta.

El amor nunca deja de ser; pero las profecías se acabarán, y cesarán las lenguas, y la ciencia acabará. Porque en parte conocemos, y en parte profetizamos; mas cuando venga lo perfecto, entonces lo que es en parte se acabará.

Cuando yo era niño, hablaba como niño, pensaba como niño, juzgaba como niño; mas cuando ya fui hombre, dejé lo que era de niño. Ahora vemos por espejo, oscuramente; mas entonces veremos cara a cara. Ahora conozco en parte; pero entonces conoceré como fui conocido.

Y ahora permanecen la fe, la esperanza y el amor, estos tres; pero el mayor de ellos es el amor.

(1 Corintios 13)

Oración

Bendito Dios, gracias por tu amor infinito. Gracias por enviar a Jesús para ocupar nuestro lugar en la cruz. Gracias por habernos demostrado tantas y tantas veces tu amor y fidelidad. Dame sabiduría, Señor, para poder reflejar tu amor por mí con las personas que tú has puesto en mi camino. Amén.

VEINTICINCO

DECISIONES Y MÁS DECISIONES

(1 Reyes 12:6-14)

Decía mi profesor de historia que «la madurez personal llega el día que sales a cenar y a dar una vuelta y te gastas más en comer que en beber». Teníamos 19 años en aquella época y mis amigos y yo esperábamos el fin de semana con impaciencia semana tras semana. Pero aquella frase hizo mella en nosotros y, casi treinta años después, seguimos recordándola.

La madurez es uno de los objetivos en la vida. Llegar a ser personas maduras, consecuentes, equilibradas, con objetivos claros y con espíritu de superación es algo que, estoy seguro, todos los padres deseamos para nuestros hijos, igual que nuestros padres desearon para nosotros.

Cada persona es única. Aun compartiendo familia, situación socioeconómica, inquietudes culturales y laborales… cada persona acaba demostrando que es única, por lo tanto cada uno de nosotros tenemos nuestro propio proceso de maduración personal. Cada uno necesitamos nuestro tiempo para llegar a ese punto que llamamos madurez.

Cuando miro hacia atrás en mi vida, me doy cuenta de esos acontecimientos que me ayudaron a crecer como persona, esos momentos clave en mi vida que me ayudaron a madurar. Ahora estoy viendo todo esto en mis hijos. Me doy cuenta de cómo van cambiando a medida que va pasando el tiempo. Su carácter, su forma de ser, no cambia demasiado, sin embargo, ellos evolucionan en muchas otras cosas.

También puedo ver estos cambios en los jóvenes que asisten a nuestra congregación. A muchos de ellos prácticamente los he visto nacer, y ahora ya están en la universidad. Sin embargo, con el paso del tiempo, lo que mejor indica la madurez en una persona es que es capaz de asumir sus decisiones y las consecuencias que traen dichas decisiones.

Cada día tomamos una media de cien decisiones conscientemente, y muchísimas más que nuestro cerebro toma sin que nos percatemos. Cada una de esas decisiones tiene consecuencias, y dependiendo de nuestra respuesta a esas consecuencias estaremos demostrando el nivel de madurez que tenemos cada uno de nosotros.

Si vamos a un examen importante sin haber estudiado y, como seguramente sucederá, suspendemos, la reacción a este suspenso nos coloca en nuestro sitio. Si nos dedicamos a hablar mal del profesor porque ha puesto un examen muy complicado y llegamos a casa excusándonos en que casi todo el mundo ha suspendido porque el profesor «ha ido a por nosotros», estaremos demostrando un muy bajo nivel de madurez.

Hay otro indicador que nos muestra en qué punto de madurez nos encontramos. Decía mi abuela que «dime con quién andas y te diré quién eres». Las personas solemos crear nuestros círculos sociales alrededor de personas con las que nos identificamos con claridad. Es de lo más habitual ver cómo los grupos de jóvenes que pasean por las calles visten prácticamente de la misma manera, se peinan igual, escuchan la misma música y más que amigos parecen clones. Esos grupos sociales siempre ejercen cierta influencia sobre cada uno de sus componentes. Esa influencia puede ser positiva cuando aporta a nuestras vidas relaciones sanas y enriquecedoras, o puede ser negativa cuando nos lleva a terrenos peligrosos donde muy posiblemente no iríamos por nuestra propia iniciativa.

Eso es lo que le pasó a un joven que ha quedado en la memoria de la historia como el responsable de que Israel se dividiera y que, a la larga, fuera conquistado y llevado a la diáspora.

Si tu abuelo fuera el ungido de Dios, el amigo de Dios, el elegido, el que mató al gigante Goliat siendo apenas un niño, y tu padre fuera el más rico y sabio de los reyes, el constructor del templo de Dios, la presión que tendrías encima sería extraordinaria. Cada una de tus decisiones sería observada y juzgada no solo por la corte, sino por todo un pueblo que había tenido dos excelentes reyes antes de tu llegada.

Roboam se enfrentó a aquella situación y no salió muy bien parado. Te invito a leer 1 Reyes 12, un texto que nos enseña cómo las malas decisiones, empujadas por las malas compañías, pueden arruinarte la vida. Una enseñanza que, estoy seguro, a muchos les habría gustado aprender antes de algunas decisiones que tomaron en sus vidas. Una enseñanza que nos ayuda a comprender lo importante de tomar buenas decisiones y de rodearnos de personas que nos puedan aportar cosas positivas.

Quizás es un buen momento para reevaluar algunas de esas decisiones y dónde nos han llevado, valorar algunas relaciones y ver si suman o restan en nuestra vida, y ver dónde estamos y dónde queremos llegar a estar. Es un buen momento para buscar la guía de Dios en cada decisión y avanzar en nuestra madurez espiritual, porque ¿hay mejor compañía y mejor consejo del que podemos recibir con el Señor a nuestro lado?

Lectura bíblica

Después el rey Roboam consultó el asunto con los ancianos que habían sido consejeros de su padre Salomón.

—¿Qué me aconsejan ustedes? —les preguntó—. ¿Cómo debo responder a este pueblo?

Los consejeros ancianos contestaron:

—Si hoy se pone al servicio de este pueblo y les da una respuesta favorable, ellos siempre serán sus leales súbditos.

Sin embargo, Roboam rechazó el consejo de los ancianos y pidió, en cambio, la opinión de los jóvenes que se habían criado con él y que ahora eran sus consejeros.

—¿Qué me aconsejan ustedes? —les preguntó—. ¿Cómo debo responder a esta gente que me pide que alivie las cargas que impuso mi padre?

Los jóvenes contestaron:

—Así debería responder a esos que se quejan de todo y que quieren una carga más liviana: «¡Mi dedo meñique es más grueso que la cintura de mi padre! Es cierto que mi padre les impuso cargas pesadas, ¡pero yo las haré aún más pesadas! ¡Mi padre los golpeaba con látigos, pero yo los azotaré con escorpiones!».

Tres días después, Jeroboam y toda la gente regresaron para conocer la decisión de Roboam, tal como el rey había ordenado. Entonces Roboam habló con dureza al pueblo porque rechazó el consejo de los ancianos y siguió el consejo de los más jóvenes. Así que le dijo al pueblo: «Mi padre les impuso cargas pesadas, ¡pero yo las haré aún más pesadas! Mi padre los golpeaba con látigos, ¡pero yo los azotaré con escorpiones!».

(1 Reyes 12:6-14)

Oración

Señor, dame sabiduría para tomar buenas decisiones, que sea capaz de buscarte en todo momento y dejarme guiar por tu Palabra en cada área de mi vida. Amén.

VEINTISÉIS

CUANDO TE DUELEN LOS OTROS

(Nehemías 1:4-11)

Tuvimos más o menos ocho meses para hacernos a la idea de que íbamos a ser padres. Nos enteramos muy pronto de que nuestra hija venía de camino, y tuvimos mucho tiempo para imaginar cómo sería la vida a partir de ese momento. A diferencia de mi hijo pequeño, que nació por cesárea y no me dejaron asistir, sí que pude acompañar a mi esposa en el nacimiento de mi hija. No voy a describir todos los sentimientos que vinieron a mí en ese momento y en los días posteriores al nacimiento, lo que sí os comparto es que en ese momento supe que daría la vida por mi pequeña sin dudarlo.

Cuando tuvimos a nuestra hija en brazos por primera vez fui consciente de lo que supone tener una vida a tu cargo. Aprendimos rápidamente qué es pasarlo mal cuando veíamos a nuestra hija llorar y no acertábamos a calmarla, aunque después aprendiéramos que ese llanto no era dolor, sino que en ese momento no podía comunicarse de otra manera.

Con la llegada de un hijo te haces verdaderamente consciente de que tú ya no eres lo más importante, que has dejado de ser (si es que alguna vez lo fuiste) el centro del universo y que lo darías todo por esa personita que sostienes en tus brazos.

Siempre había escuchado decir a mis mayores que el dolor no es cuando a ti te pasa alguna cosa, sino cuando le sucede a alguien a quien amas de verdad, y si es un hijo esto se multiplica hasta el infinito.

Nuestra hija acababa de nacer, no había hecho nada más que existir, y ya se había convertido en la persona más importante de nuestras vidas. Por un instante el mundo se detuvo y ahí estaba ella, dueña absoluta de nuestro amor sin apenas haber abierto los ojos.

Además de nuestros hijos, hay otras personas que se ganan un sitio muy especial en nuestro corazón. Por alguna razón empatizamos con ellos y generamos lazos que van más allá. Como dicen los memes de internet: «Hay familia que sí se elige: los amigos».

Y por último hay personas a las que no conocemos, con las que no tenemos relación, pero que, por alguna razón, hemos empatizado hasta sentirlos una parte de nosotros.

Hace unos años, un buen amigo mío mandó un mensaje de auxilio a sus contactos más cercanos en las redes sociales. Él está muy vinculado con la Asociación de Ayuda al Pueblo Saharaui. Esta entidad se dedica, entre otras muchas cosas, a organizar unas vacaciones muy especiales para los niños que viven en medio del desierto del Sáhara. La asociación busca familias de voluntarios que acogen durante los meses de verano a un niño o una niña perteneciente al pueblo saharaui y se comprometen con ese niño todo el verano como si fuera un hijo más, a veces incluso más, porque parte de ese compromiso es llevarlo al pediatra, al dentista y al oculista, comprarle la ropa que necesita y alimentarlo de una manera que recupere fuerzas y se fortalezca su salud. Cuando mi amigo lanzó esa petición de ayuda se había producido una situación excepcional: varios niños que ya estaban de camino a España aún no tenían una familia de acogida. No había sido una negligencia de la asociación, sino que, en los días previos a la llegada, la situación de varias familias había cambiado y no podían hacerse cargo de los niños. Y para complicar más la situación, no habían avisado hasta que los niños ya venían de camino. Mi amigo había conocido esta asociación hacía tiempo y llevaba unos años acogiendo a uno de estos niños; había viajado al Sáhara y se había comprometido hasta lo más profundo de su corazón con unas personas a las que en un principio no conocía, pero cuya historia le había cautivado.

Hay ocasiones en las que, de la misma manera que le sucedió a mi amigo, una situación concreta de un grupo de personas nos llega al corazón, y sin saber muy bien por qué acaban formando parte de nuestra vida. Muchas veces estas personas son cercanas a nosotros y otras veces son totalmente ajenas a nuestra realidad; sin embargo, ahí están, formando parte de nuestra vida.

Esto mismo le pasó a Nehemías, uno de los personajes de la Biblia cuya historia más me ha atraído desde bien jovencito. Nehemías era copero del rey Artajerjes en la ciudad persa de Susa. Ser copero del rey era tener una situación muy privilegiada. Era una persona de confianza del monarca, con mucha influencia y que vivía muy bien. Nehemías, que era judío, recibió la visita de su hermano Hananí, que le informó de la situación en la que había quedado Jerusalén. Las murallas estaban derruidas y la poca gente que quedaba en la ciudad estaba totalmente desamparada.

En el mismo momento en que Nehemías escuchó esta información, dice la Biblia que: «Cuando oí esto, me senté a llorar. De hecho, durante varios días estuve de duelo, ayuné y oré al Dios del cielo». Nehemías empatizó totalmente con sus hermanos judíos. Si bien es cierto que no conocía a estas personas, el sentido de pertenencia al pueblo judío era muy fuerte. Y aunque él tenía una posición privilegiada, con su vida resuelta y viviendo de una manera que sería la envidia de muchos, su identificación con el sufrimiento de los habitantes de Jerusalén fue total. A Nehemías le dolía el sufrimiento de los demás.

Cuando nos duelen los demás, nos identificamos con su dolor aunque no sea el nuestro. Aunque no los conozcamos, sentimos su sufrimiento de una forma especial, se crea un vínculo con otras personas y nos percibimos a nosotros mismos como parte de ellos. La empatía es total. Entendemos el amor al prójimo como algo esencial, incluso a veces ni lo hacemos conscientemente, nos sale del corazón.

Este amor es el vivo ejemplo del amor de Jesús, que vino al mundo para salvarnos sin que nosotros hubiéramos hecho nada para merecerlo, ni siquiera desear esa salvación de la que muchos siguen ajenos e indiferentes.

Como te he dicho antes, Nehemías es uno de mis personajes preferidos en la Biblia, y te invito a que te tomes el tiempo de leer toda su historia, puesto que aquí solo te comparto unos pocos versículos. Deseo que te apasione tanto como a mí.

Lectura bíblica

Cuando oí esto, me senté a llorar. De hecho, durante varios días estuve de duelo, ayuné y oré al Dios del cielo, y dije:

«Oh Señor, Dios del cielo, Dios grande y temible que cumples tu pacto de amor inagotable con los que te aman y obedecen tus mandatos, ¡escucha mi oración! Mírame y verás que oro día y noche por tu pueblo Israel. Confieso que hemos pecado contra ti. ¡Es cierto, incluso mi propia familia y yo hemos pecado! Hemos pecado terriblemente al no haber obedecido los mandatos, los decretos y las ordenanzas que nos diste por medio de tu siervo Moisés.

»Te suplico que recuerdes lo que le dijiste a tu siervo Moisés: "Si me son infieles los dispersaré entre las naciones; pero si vuelven a mí y obedecen mis mandatos y viven conforme a ellos, entonces aunque se encuentren desterrados en los extremos más lejanos de la tierra, yo los volveré a traer al lugar que elegí para que mi nombre sea honrado".

»El pueblo que rescataste con tu gran poder y mano fuerte es tu siervo. ¡Oh Señor, te suplico que oigas mi oración! Escucha las oraciones de aquellos quienes nos deleitamos en darte honra. Te suplico que hoy me concedas éxito y hagas que el rey me dé su favor. Pon en su corazón el deseo de ser bondadoso conmigo».

(Nehemías 1:4-11)

Oración

Señor, te doy las gracias por tu amor infinito. Por enviar a tu hijo Jesús a salvarnos por amor. Que ese mismo amor lo podamos reflejar nosotros al resto de las personas que pongas en nuestro camino. Amén.

VEINTISIETE

¿Y SI SOLO PODEMOS MIRAR AL CIELO?

(Éxodo 2:23-25)

Dice el refrán que «Quien hace todo lo que puede, no está obligado a más», en clara referencia a que llega un punto en el que todo lo que podíamos hacer ya está hecho y que a partir de ahí ya no depende de nosotros.

En mi primera etapa de estudiante no destacaba demasiado. Cuando analizo el porqué llego a la conclusión de que, en esa época de mi vida, los profesores con los que me crucé no me motivaron para apreciar los estudios como algo positivo. Sin embargo, a partir de segundo de BUP (más o menos con 15-16 años) me encontré con un par de profesores que hicieron que mi interés por los estudios creciera. A partir de ahí empecé a estudiar mucho más y con más ganas. Recuerdo los exámenes como el punto más estresante de mis años de estudiante. Tenía compañeros que odiaban que los sacaran a la pizarra a hacer un examen oral o a exponer un trabajo delante de toda la clase; a mí eso me gustaba, siempre me he defendido bien con la palabra hablada. Sin embargo, solo ante el papel en blanco, cual escritor, las cosas eran diferentes.

A medida que pasaba el tiempo me di cuenta de que llega un momento en el que no puedes estudiarte más un tema concreto, todo lo que podía hacer estaba hecho. Solo podía esperar que en el examen pudiera reflejar todo lo que había estudiado.

Han pasado muchos años, no de mi vida de estudiante, porque continúo estudiando y aprendiendo cada día, pero sí de mis días de hacer exámenes por mis estudios. Hoy los exámenes son de otra manera, los hago en el trabajo, en casa con mi relación con el resto de la familia, con mi comunidad…

Hay multitud de tareas que requieren mi máximo compromiso y esfuerzo, y una vez que llego a ese punto tengo que dejarlo porque ya no hay nada más en mi mano que pueda hacer.

Hay otro tipo de cuestiones que vienen a nuestra vida que rápidamente entendemos que se escapan de nuestro control, no hay prácticamente nada que podamos hacer para que se «desatasquen» o se solucionen.

A finales de 2019 un cocinero dejó el trabajo que tenía en un restaurante para dirigir su propio proyecto como dueño de un local de restauración. Dicho local estaba dentro de unas instalaciones con piscinas y pistas deportivas, por lo que dicho cocinero hizo los cálculos de viabilidad del proyecto en función de las visitas que las instalaciones y la piscina recibían en las diferentes épocas del año. Después de hacer todos los cálculos, dejó su trabajo y empezó su proyecto personal en el mes de enero de 2020. Todo esto le llevó a invertir mucho para adecuar el proyecto a lo que él quería. En la segunda semana de marzo de este año todo quedó completamente parado por la COVID-19. La industria, los comercios, los colegios y, por supuesto, los restaurantes cerraron. Al principio parecía que sería cosa de un par de semanas, pero la situación comenzó a alargarse más y más… La cuestión es que este cocinero hizo las cosas bien, realizó sus cálculos en función de la información que tenía, evaluó la afluencia de gente y lo que serían sus gastos para ver si llegaría a ingresar lo suficiente como para que el proyecto funcionara. Hizo todo lo que podía hacer, pero no fue suficiente y finalmente todo se vino abajo.

Podría contarte miles de historias como esta, y seguro que tú tienes también la tuya, en la que hiciste todo más o menos de forma correcta pero vino un acontecimiento como este y todo el proyecto, en el mejor de los casos, se paró y, en el peor, se vino abajo como un castillo de naipes.

Mientras escribo estas palabras me acuerdo de una pareja muy querida por nosotros que durante muchos meses, y con toda su ilusión y muchos de sus recursos, han estado preparando su boda, y hace tan solo unos días me informaban de que la tenían que aplazar unos meses. Puedes pensar que posponer una boda en estos momentos no es para tanto, pero cuando hablamos de la ilusión de una pareja por empezar un proyecto de vida juntos, y todo el esfuerzo que han puesto en todo esto, no puedo sino empatizar con ellos al escuchar sus palabras entrecortadas mientras me lo explicaban.

Estas circunstancias en la vida, ya sea por el virus o por cualquier otra cuestión, nos hacen, literalmente, clamar al cielo. Clamamos al cielo cuando ya no hay nada más que podamos hacer, cuando ya hemos hecho todo lo humanamente posible. Clamamos al cielo por la enfermedad de un ser querido, por ese trabajo que no encontramos, por el divorcio de un hijo o una hija, por el bebé que tanto esperamos y que no llega. Porque cuando hablamos de clamar al cielo no es una oración cualquiera, es una oración en medio de la desesperación. No es una oración para que mañana no llueva porque salimos de excursión, es la oración por la lluvia cuando nos morimos por la falta de agua.

Cuando clamo al cielo es porque no tengo ningún otro lugar donde acudir; entonces, hinco mis rodillas en el suelo y busco a Dios desesperadamente. Y no es que antes no me haya acordado de Dios, es que el momento del clamor llega cuando soy consciente de que no voy a hacer que eso suceda con mis propias fuerzas y capacidades, que ahora es el momento de Dios.

La salida del pueblo de Dios de Egipto es una historia épica, una historia que empieza con el clamor de un pueblo. Los hebreos habían llegado a Egipto cuatro siglos antes de la mano de José, pero con el paso de los años, todos los que recordaban a José y lo que este había hecho habían muerto. Mientras tanto el pueblo creció y los egipcios vieron cómo poco a poco se hacía más y más grande, e intuyeron que eso podría ser un problema, así que los esclavizaron, mataron a los hijos varones para que no crecieran y los gobernaron con mano de hierro. Ahí empezó el clamor del pueblo, y ahí escuchó Dios.

Te invito a que leas esta historia, que encontrarás en el segundo libro de la Biblia, el Éxodo, y que seguramente reconocerás porque ha sido llevada al cine de muchas maneras distintas, con títulos como *Los diez mandamientos* o *El príncipe de Egipto*. Y mientras lees este texto, recuerda esas veces que has tenido que clamar al cielo buscando a Dios, porque Dios está ahí, esperándote.

Lectura bíblica

Con el paso de los años, el rey de Egipto murió; pero los israelitas seguían gimiendo bajo el peso de la esclavitud. Clamaron por ayuda, y su clamor subió hasta Dios, quien oyó sus gemidos y se acordó del pacto que había hecho con Abraham, Isaac y Jacob. Miró desde lo alto a los hijos de Israel y supo que ya había llegado el momento de actuar.

(Éxodo 2:23-25)

Oración

Señor y Padre, ¡cuántas veces he clamado a ti buscando tu guía, tu consuelo, tu consejo, tu intervención! Señor, descanso en tus manos porque sé que no te has olvidado de mí. Clamo a ti en medio de la oscuridad de mi situación porque sé que a tu lado volveré a ver la luz. Gracias, Señor, por tu eterna fidelidad. Amén.

VEINTIOCHO

FIELES HASTA EL FINAL

(Daniel 3)

En 1963 se creó en Israel una comisión bajo el nombre de Autoridad de Israel para el Recuerdo de los Héroes y Mártires del Holocausto. Esta entidad está dirigida por la Corte Suprema de Israel, y nació con el encargo de reconocer y recordar a las personas que ayudaron a los judíos durante la Segunda Guerra Mundial, y más concretamente en el Holocausto judío. Estas personas reciben el título de Justo entre las Naciones. Hasta la fecha más de 20.000 individuos han recibido este título, reconociendo a todas estas personas por cómo, a pesar de que en muchos casos pusieron en peligro sus propias vidas, optaron por ayudar al pueblo de Dios.

En 1993 Steven Spielberg llevó al cine la historia de uno de estos Justos entre las Naciones. Gracias a la película *La lista de Schindler* y al libro en el que se basa el filme, Oskar Schindler se convirtió en uno de los más famosos de los justos. La obra de Spielberg se basa en la novela de Thomas Keneally titulada *El arca de*

Schindler, que fue publicada en el año 1982. Te recomiendo encarecidamente que busques tanto la película como el libro porque son realmente impresionantes.

Steven Spielberg quedó fascinado por la historia de Oskar Schindler, puesto que su vida era una auténtica paradoja. Schindler era un mujeriego, bebía en exceso y era conocido por ser un tanto laxo en cuanto a su moralidad en los negocios. La pregunta es: ¿qué llevó a un hombre así a emplear toda su fortuna en salvar a 1.200 judíos de la muerte? Spielberg tardó diez años en dirigir la película desde la compra de los derechos de la novela porque no se creía suficientemente maduro para hacer una película sobre el Holocausto. Siendo él también judío, trató este tema con un respeto y una reverencia exquisitos.

¿Qué lleva a un hombre adinerado a poner en peligro su vida y gastar toda su fortuna para salvar a estas personas? Nadie esperaba esto de un empresario alemán con contactos en las más altas esferas del nazismo, con quien había hecho muchos negocios y ganado mucho dinero. Es posible que nunca sepamos con exactitud lo que pasó por el corazón de Schindler. La película nos lleva a pensar que fue la amistad con el administrador y contable de la empresa, el Sr. Stern, lo que le llevó a comprometerse con la causa judía y a luchar por la vida. Y finalmente esto se convirtió en un principio: las personas valen mucho más que el dinero y el poder.

Al final de la película, en el momento de los créditos, el director Steven Spielberg había reunido a los supervivientes del Holocausto que Schindler salvó de la muerte y que salían representados en la historia. Uno a uno, fueron pasando por delante de la tumba de Schindler, que está en el monte Sion en Jerusalén, y siguiendo la costumbre judía depositaban una piedra encima de su lápida. De este modo, ponían algo eterno como una piedra para recordar que habían estado allí, presentando sus respetos.

Los principios nos dan el impulso necesario para tomar decisiones conformes a ellos. Si en nuestros principios está la vida por encima de todo, incluso de nuestras pertenencias, nos implicaremos con esa misión hasta el final.

Si nuestros principios tienen que ver con nuestra fe, estaremos comprometidos con nuestras creencias y las llevaremos hasta sus últimas consecuencias, porque son principios que están por encima de todas las cosas. Todos hemos escuchado historias de personas que han muerto por defender sus principios en la guerra. Pero también hay muchas personas que han muerto por su fe y compromiso para con el prójimo en las misiones, y hay multitud de historias de mártires a lo largo y ancho de todo el mundo.

Pero también tenemos ejemplos de historias de héroes de la fe que han vencido toda adversidad siendo fieles a sus principios y a Dios. Y el libro de Daniel es una muestra de cómo la fidelidad y el compromiso con los principios de la Palabra de Dios muestran el camino para vencer el mal.

Te invito a que leas el libro de Daniel al completo. A lo largo de sus doce capítulos podrás ver cómo el mantenerse fieles a Dios y a sus principios colocó a Daniel y a sus amigos en una posición de liderazgo y reconocimiento sobre todos los que les rodeaban, y de esta manera el nombre de Dios fue honrado.

Y esto es algo que compartimos todos los creyentes con Daniel y compañía: cuando somos fieles a nuestros principios, el nombre de Dios queda vindicado por nuestras acciones y testimonio.

Hace un tiempo estalló en España un escándalo de corrupción política. El partido que gobernaba en ese momento fue condenado por un juez por ser un partido político corrupto. Era la primera vez que eso sucedía. Ese hecho coincidió con unas reuniones a las que tenía que asistir en Madrid con un grupo de editores muy reconocidos. En un momento dado, cuando ya estábamos en la cena posterior a las reuniones, la conversación derivó hacia el tema de la ética en el trabajo. De repente, uno de los presentes alzó la voz y, señalándome, dijo: «A mí lo que me interesa es lo que opinan los cristianos de este tema». Fue una pregunta sincera y respetuosa que me permitió hablar durante veinte minutos, y de forma ininterrumpida, de Dios, de su Palabra y los principios que de ella se desprenden. Defender los principios reconoce el nombre de Dios allí donde estamos.

Lectura bíblica

Entonces un vocero proclamó: «¡Gente de todas las razas, naciones y lenguas escuchen el mandato del rey! Cuando oigan tocar la trompeta, la flauta, la cítara, la lira, el arpa, la zampoña y otros instrumentos musicales, inclínense rostro en tierra y rindan culto a la estatua de oro del rey Nabucodonosor. ¡Cualquiera que se rehúse a obedecer, será arrojado inmediatamente a un horno ardiente!».

Así que al sonido de los instrumentos musicales, toda la gente, de cualquier raza, nación o lengua, se inclinó rostro en tierra y rindió culto a la estatua de oro que había levantado el rey Nabucodonosor.

Sin embargo, algunos de los astrólogos se presentaron ante el rey y denunciaron a los judíos. Dijeron al rey Nabucodonosor: «¡Que viva el rey! Usted emitió un decreto que exige a todo el pueblo inclinarse y rendir culto a la estatua de oro al oír tocar la trompeta, la flauta, la cítara, la lira, el arpa, la zampoña y otros instrumentos musicales. Ese decreto también establece que quienes se rehúsen a obedecer serán arrojados dentro de un horno ardiente. Pues hay algunos judíos —Sadrac, Mesac y Abed-nego— a los que usted puso a cargo de la provincia de Babilonia que no le prestan atención, su Majestad. Se niegan a servir a los dioses de su Majestad y no rinden culto a la estatua de oro que usted ha levantado».

(Daniel 3: 4-12)

Oración

Señor, ayúdame para que allí donde tú me lleves sea capaz de honrar tu nombre. Que jamás te avergüences de mí. Que siempre lleve con orgullo tu Palabra y su ejemplo a la realidad de mi día a día. Amén.

VEINTINUEVE

PALABRAS QUE MATAN

(Santiago 3:1-12)

¿Has jugado alguna vez al teléfono? La idea es que se forma una fila de personas que se dan un mensaje al oído y hay que ver si son capaces de hacer que el mensaje llegue completo al final de la fila. Luego está la variante de hacerlo sin sonido, solo intentando leer los labios de la persona que te da el mensaje. Es un juego típico de campamento, de esos que se hacen por la noche alrededor de un fuego.

He utilizado muchas veces este juego para hablar de la crítica y enseñar acerca de cómo distorsionar un mensaje puede hacer mucho daño y acabar ocasionando muchos problemas.

Actualmente todo esto se concentra de una forma especial en las redes sociales, donde abundan las *fake news* (noticias falsas) que sirven para engañar, desacreditar a otras personas y generar discordia.

En los últimos tiempos, con la llegada de la mensajería instantánea como Messenger o WhatsApp, muchos han cambiado «la palabra hablada por la palabra tecleada». Las maneras de comunicarnos han cambiado mucho, aunque la herramienta para dicha comunicación sigue siendo la misma: la palabra.

A menos que seas un ermitaño que vive alejado de la sociedad, sin contacto con ningún otro ser humano, o que huyas despavorido ante las relaciones personales, estoy seguro de que en algún momento de tu vida has ofendido a alguien con tus palabras y que, de la misma manera, te habrán ofendido a ti. Y es que la convivencia genera tensión, y en esos momentos de tensión las palabras dichas a destiempo y con enfado pueden herir a las personas que tenemos cerca.

Si esto sucede entre personas que se aman, imagina qué pasa cuando sucede en entornos como el trabajo o los colegios e institutos: sin darnos ni cuenta nos toparemos con el peligroso *bullying*.

Con el mismo número de letras podemos escribir «amor» u «odio». Con los mismos labios podemos decir «te amo» o «te odio». Moviendo los mismos músculos somos capaces de generar un sentimiento tan agradable como sentirse querido o generar en el otro una tristeza absoluta al sentirse rechazado y despreciado.

Tenemos que ser conscientes de todo lo que podemos hacer a través de la palabra. Podemos generar los más diversos sentimientos en los demás, ya que detrás de cada palabra que pronunciamos hay una intención: buscamos no solo comunicar, sino que, además, queremos generar una respuesta por parte de la persona con la que estamos interactuando.

Hace un tiempo, un amigo mío me enseñaba una de sus normas a la hora de escribir correos electrónicos y cuidarse a sí mismo de no decir nada que pudiera herir o que no expresara exactamente lo que quería transmitir, sobre todo a la hora de escribir mensajes complicados relacionados con el trabajo. Él espera 24 horas para enviar un correo «de los complicados», así puede reposar dicho mensaje una vez que lo tiene escrito. Otra de las normas es que no escribe la dirección del destinatario hasta que termina de redactarlo y espera esas 24 horas; de esa manera se «evitan errores».

Mi amigo intenta ser precavido y respetuoso en la manera de gestionar la comunicación con los demás, evitando hacer daño o transmitir algo erróneo con sus palabras. Los filtros que ha programado para utilizar bien las palabras me han enseñado a tener un poco más de cuidado con lo que escribo y cómo me comunico.

Puedo recordar varias ocasiones en las que mis palabras han lastimado a otras personas, y otras tantas en las que el herido he sido yo. Me hubiera gustado tener esos «filtros» en mi cabeza antes de que las palabras se agolparan en mi boca y salieran como una avalancha sin nada que las frenara.

«Domar la lengua» es una de las cosas más complicadas pero a la vez más necesarias, y quiero compartirte unas palabras que me ayudaron hace tiempo a poner orden en lo que pasa por mi cabeza: «La misma lengua, unas veces alaba a Dios, otras veces maldice al hombre hecho a la semejanza de Dios». Y lo cierto es que el mismo grifo no sirve para que salga agua fresca y limpia que sacia la sed, y veneno que acaba con la vida.

Pensemos en todo esto y reflexionemos en el uso de la lengua, para saber controlarnos y no causar dolor por la mala gestión de la misma.

Lectura bíblica

Amados hermanos, no muchos deberían llegar a ser maestros en la iglesia, porque los que enseñamos seremos juzgados de una manera más estricta. Es cierto que todos cometemos muchos errores. Pues, si pudiéramos dominar la lengua, seríamos perfectos, capaces de controlarnos en todo sentido.

Podemos hacer que un caballo vaya adonde queramos si le ponemos un pequeño freno en la boca. También un pequeño timón hace que un enorme barco gire adonde desee el capitán, por fuertes que sean los vientos. De la misma manera, la lengua es algo pequeño que pronuncia grandes discursos.

Así también una sola chispa puede incendiar todo un bosque. De todas las partes del cuerpo, la lengua es una llama de fuego. Es un mundo entero de maldad que corrompe todo el cuerpo. Puede incendiar toda la vida, porque el infierno mismo la enciende.

El ser humano puede domar toda clase de animales, aves, reptiles y peces, pero nadie puede domar la lengua. Es maligna e incansable, llena de veneno mortal. A veces alaba a nuestro Señor y Padre, y otras veces maldice a quienes Dios creó a su propia imagen. Y así, la bendición y la maldición salen de la misma boca. Sin duda, hermanos míos, ¡eso no está bien! ¿Acaso puede brotar de un mismo manantial agua dulce y agua amarga? ¿Acaso una higuera puede dar aceitunas o una vid, higos? No, como tampoco puede uno sacar agua dulce de un manantial salado.

(Santiago 3:1-12)

Oración

Señor, te ruego que me ayudes a controlar mis palabras. Que de mi boca solo salgan palabras de bendición y no de maldición. Que la boca que te alaba jamás maldiga. Que mis palabras den testimonio de ti cada día. Amén.

TREINTA

EL PODER DEL PERDÓN

(Mateo 6:12, 14-15)

Invictus

En la noche que me envuelve,
negra, como un pozo insondable,
doy gracias al Dios que fuere
por mi alma inconquistable.

En las garras de las circunstancias
no he gemido, ni llorado.
Bajo los golpes del destino
mi cabeza ensangrentada jamás se ha postrado.

Más allá de este lugar de ira y llantos
acecha la oscuridad con su horror.
Y sin embargo la amenaza de los años me halla,
y me hallará sin temor.

Ya no importa cuán estrecho haya sido el camino
ni cuántos castigos lleve a mi espalda:
soy el amo de mi destino,
soy el capitán de mi alma.
William Ernest Henley

Nelson Mandela pasó 27 años de su vida en prisión. El *apartheid*, el sistema de segregación racial que sufrió Sudáfrica hasta el año 1992, mantuvo en prisión a Mandela durante casi tres décadas, hasta que en 1990 fue puesto en libertad por la presión internacional que estaba recibiendo el país africano. En 1994, en las elecciones generales que se establecieron después de la abolición del *apartheid*, Mandela ganó con diferencia, pasando, en tan solo cuatro años, de ser un preso condenado a cadena perpetua por su activismo político a ser el presidente de Sudáfrica.

En el año 2009 Clint Eastwood dirigió la película *Invictus*, donde cuenta cómo el gobierno de Sudáfrica, liderado por Mandela, utilizó al equipo nacional de *rugby* y el campeonato del mundo que se celebraba en su país en 1995 para romper con las estructuras que el *apartheid* había utilizado para discriminar y segregar a la población negra de Sudáfrica durante años.

En un momento de la película, el capitán del equipo de la selección nacional de *rugby* organiza una visita con todo el equipo y sus familias a la prisión en la que Nelson Mandela pasó la mayoría de su cautiverio, en la isla de Robben. Mandela fue el preso número 466 en esta prisión, donde cumpliría 18 años de la pena perpetua a la que estaba condenado.

La película, basada en hechos reales, nos descubre el poema *Invictus*, que a la postre sería el título de la historia que Eastwood quería contarnos.

Invictus fue escrito por William Ernest Henley en el siglo XIX, y este poema, anotado en un trozo de papel, acompañó a Nelson Mandela durante los años que duró su encarcelamiento, ayudándole a sobrevivir anímicamente.

En los años en los que Mandela fue presidente del país, el perdón fue uno de los estandartes de su legado, y fue encomiado por ello recibiendo multitud de reconocimientos, incluido el Nobel de la Paz en 1993. Poner el perdón delante de todo lo demás, después de haber pasado 27 años en prisión por defender la libertad de tu raza, es todo un ejemplo para todas las personas. Mandela sufrió en su carne la injusticia tremenda de ser condenado por buscar la igualdad entre los seres humanos.

La Biblia nos enseña muchas cosas acerca del perdón, una de las más importantes es la gran importancia que tiene el perdón para el que lo da. La Palabra de Dios nos enseña una vinculación directa entre el perdón que damos y el que recibimos por parte de Dios. El mismo Jesús, en la oración más conocida del mundo, el padrenuestro, nos enseña esta relación cuando dice «perdónanos como nosotros perdonamos a nuestros deudores», y nos muestra que el comportamiento que tenemos con el prójimo está directamente relacionado con el juicio que recibiremos por parte de Dios.

Estas palabras de Jesús, en el capítulo 6 del Evangelio de Mateo, han llamado siempre mi atención, y me han interpelado a revisar mi actitud y comportamiento. Porque cuando siento que tengo que perdonar es porque antes he sentido el dolor recibido, y el orgullo de querer esperar a que me demanden el perdón antes de darlo siempre está ahí. Sin embargo, Jesús no esperó que yo pidiera perdón para ocupar su lugar por mí en la cruz. Jesús murió por nosotros y por nuestros pecados, y nos ofrece la salvación mucho antes de que seamos conscientes del pecado cometido y de la necesidad de salvación. Cuando nos hacemos conscientes de esa realidad, el sacrificio ya se ha ofrecido por cada uno de nosotros. Es en ese momento cuando no tengo otra opción que agachar la cabeza y perdonar con toda humildad.

Te invito a pensar en todo esto y, si no lo has hecho ya, a que veas *Invictus*, una historia maravillosa acerca del ser humano y el perdón.

Lectura bíblica

[...] y perdónanos nuestros pecados, así como hemos perdonado a los que pecan contra nosotros.
(Mateo 6:12)

Si perdonas a los que pecan contra ti, tu Padre celestial te perdonará a ti; pero si te niegas a perdonar a los demás, tu Padre no perdonará tus pecados.
(Mateo 6:14-15)

Oración

Señor y Padre, muchas gracias por tu perdón y compasión. Señor, ayúdame a que mi vida refleje todo lo que he recibido de ti y que yo haga también real ese perdón cada día. Bendito seas cada día. Amén.

TREINTA Y UNO

CUANDO LA LUCHA ES CONMIGO MISMO

(Jonás)

La autora Alyce P. Cornyn-Selby describe el autosabotaje como «aquello que decimos que queremos y después nos aseguramos de que no suceda». Y este es posiblemente uno de los grandes males que sufrimos en uno u otro momento de nuestras vidas. ¿Cuántas veces nos hemos puesto la zancadilla a nosotros mismos provocando justo lo contrario de lo que decíamos querer?

Es como cuando te vas a presentar al examen más importante del año, para el que has estado estudiando con muchísimo esfuerzo durante semanas, meses... Y justo la noche antes decides salir para «despejarte», y casi sin saber cómo regresas a casa de madrugada y al día siguiente no te despiertas a tiempo para hacer el que iba a ser el examen de tu vida.

O cuando estás a punto de conseguir tu licencia para conducir y llevas las suficientes clases como para aprobar, y de repente decides que no pasa nada si una noche sales con tus amigos con el coche porque «a fin de cuentas quedan unos pocos días para tener la licencia». Y esa noche sufres un pequeño (o gran) accidente, y debes asumir que acabas de tenerlo sin tener la licencia, y que saber conducir no es lo mismo que tener licencia para hacerlo.

Todos hemos caído en la tentación de saber qué es lo que debemos hacer y no hacerlo, para después lamentarnos por lo sucedido y, aun si cabe, clamar al cielo para que las cosas se solucionen. Nos saboteamos a nosotros mismos y la mayoría de veces no encontramos la razón para saber o poder explicar por qué hemos tomado esas decisiones.

Seguro que puedes recordar algún momento en el que te has autosaboteado, en el que te has convertido en tu mayor enemigo.

Final del Mundial de Fútbol de 2006. Italia y Francia estaban empatadas a un gol y estaban a punto de llegar al desempate por penaltis. En ese momento Materazzi y Zidane se cruzan unas palabras que parecen intrascendentes, pero justo entonces el capitán de la selección francesa se da la vuelta y le da un cabezazo en el pecho al central italiano, una clara agresión que le cuesta la tarjeta roja. Minutos después la descentrada selección de Francia perdió el mundial de fútbol contra Italia. La acción de Zidane le impidió acabar de jugar el mundial, y sacó anímicamente del partido a la selección francesa. Zidane se autosaboteó y destrozó a su equipo.

Un ejemplo más de cómo una mala decisión se vuelve en nuestra contra. A pesar de que Zidane era un jugador muy experimentado y era el capitán de la selección, no supo controlarse, y fue como si ese cabezazo se lo hubiera dado a sí mismo y a las posibilidades de ser campeón.

En la Palabra de Dios está la historia de un hombre que sabía perfectamente lo que tenía que hacer. Conocía lo que Dios le estaba pidiendo que hiciera. Jonás era un profeta, era «uno que hablaba la palabra de Dios». Y aunque era muy consciente de lo que debía hacer, de lo que Dios le pedía, él decidió por su cuenta que no lo llevaría a cabo. Dios le estaba pidiendo que viajara a la ciudad de Nínive y les advirtiera de que, si seguían viviendo de esa manera, perecerían en el juicio de Dios. Pero a Jonás no le caía bien la gente de Nínive, así que decidió hacer lo contrario de lo que Dios le había mandado.

Me gustaría invitarte a leer el relato de Jonás en las Escrituras para que veas cómo un ejercicio de autosabotaje puede arruinarnos la vida. Aprovechemos también para reflexionar en nuestras propias vidas y la multitud de ocasiones en que nos hemos autosaboteado y las consecuencias que eso nos ha traído. Demos un paso adelante en nuestras vidas, en la dirección adecuada.

Lectura bíblica

El Señor le dio el siguiente mensaje a Jonás, hijo de Amitai: «Levántate y ve a la gran ciudad de Nínive. Pronuncia mi juicio contra ella, porque he visto lo perversa que es su gente». Entonces Jonás se levantó y se fue en dirección contraria para huir del Señor. Descendió al puerto de Jope donde encontró un barco que partía para Tarsis. Compró un boleto, subió a bordo y se embarcó rumbo a Tarsis con la esperanza de escapar del Señor.

(Jonás 1:1-3)

Oración

Señor, dame luz para ir donde tengo que ir y hacer lo que tengo que hacer en mi vida. Que te dé a ti siempre la gloria y la honra en todo. Amén.

TREINTA Y DOS

DELANTE DE LO DESCONOCIDO

(Génesis 6:9-22)

Los nuevos comienzos nos enfrentan con muchos y diferentes sentimientos. Cuando nos vemos obligados o tomamos la decisión de empezar de cero en alguna área de nuestra vida, multitud de sentimientos se agolpan en nuestra cabeza y en nuestro corazón.

Empezar la vida de nuevo después de un divorcio, cambiar de país o de ciudad, cambiar de empleo, seguir adelante después de la muerte de tu pareja o de un hijo, el día siguiente después de superar un cáncer de pecho, recibir un nuevo destino en tu carrera profesional, casarte, formar una familia, adoptar un hijo o una hija, emprender la paternidad o maternidad en solitario... hay tantos y tantos ejemplos de todo lo que puede hacernos enfrentarnos a lo desconocido, a empezar de cero, que no podemos enumerarlos todos.

A lo largo de mi vida he cambiado de ciudad, de país (de forma temporal), de empleo, he empezado después de una enfermedad que me dejó dos años en un hospital... creo que me he enfrentado a lo desconocido en unas cuantas ocasiones. En algunas de esas ocasiones me he enfrentado a lo desconocido sin red, esto es, que no tenía ninguna seguridad, ni resuelto el tema financiero, o la vivienda, y muchos de los pasos que daba eran únicamente por fe. En otras ocasiones empezaba de cero pero lo hacía con un nuevo contrato, lo que restaba ansiedad a la ecuación, aunque el cambio de ciudad y dejar atrás a los amigos y la familia convertían la decisión en una aventura muy dura.

Cuando nosotros elegimos cambiar de vida es muy diferente que si las situaciones a nuestro alrededor nos obligan a tomar esa decisión. Hace unos años conocí a una pareja que habían venido a vivir a nuestra ciudad por un tema laboral. Ellos eran de Valencia y estaban muy apegados a su tierra, pero profesionalmente la mejor opción estaba a 300 kilómetros de su casa. Odiaban nuestra ciudad, literalmente; ellos mismos te lo decían, no les gustaba absolutamente nada. A la menor oportunidad viajaban las casi tres horas y los 300 kilómetros para estar un día y medio en su ciudad y regresaban resignados. Sin embargo, tenemos personas que llegaron por motivos similares y son muy felices aquí.

En muchas ocasiones, los cristianos vemos la mano de Dios detrás de estos nuevos inicios. El Señor, en su sabiduría y misericordia, nos permite empezar de nuevo, nos da una nueva oportunidad en la vida. Y es que Dios es un Dios de oportunidades. Cuando nos acercamos a la Palabra de Dios, vemos la gran cantidad de ocasiones en las que Dios le da la oportunidad a su pueblo de empezar de nuevo: después del tiempo en Egipto, en el desierto, en la tierra prometida, después de la separación de las tribus del norte y del sur, después de las diásporas, en la etapa de los jueces…

Tantas y tantas veces que Dios tiende su mano y nos da la oportunidad de enderezar nuestro camino para que nos encontremos con él, y tantas veces que hemos mirado a otro lado ignorando esas oportunidades.

La Palabra de Dios nos narra una historia que, como otras muchas, hemos trasladado a las Biblias infantiles y nos hemos casi olvidado de ella. La historia de Noé es la historia de empezar de nuevo. De un encargo que seguramente generó en Noé y en su familia miedo a lo desconocido, al rechazo, a las burlas, miedo a no entender lo que Dios quería hacer, porque recordemos que antes de eso jamás había llovido.

Dios decidió empezar de nuevo. El ser humano no solo se había olvidado de Dios, sino que la violencia era el pan nuestro de cada día, por lo que no había futuro para una humanidad así. El diluvio era la gran ocasión de hacer las cosas de otra manera, era prácticamente una segunda creación, un segundo punto de partida para la tierra. Lejos de lo que pueda parecer, el diluvio era una segunda oportunidad. La tierra no estaba muy poblada, todo lo contrario, y con tal nivel de violencia, Dios no ve otra salida a la humanidad que darle la oportunidad de empezar de nuevo.

Te invito a que leas esta historia desde esta perspectiva, una perspectiva de salvación y de nuevo comienzo.

Lectura bíblica

Este es el relato de Noé y su familia. Noé era un hombre justo, la única persona intachable que vivía en la tierra en ese tiempo, y anduvo en íntima comunión con Dios. Noé fue padre de tres hijos: Sem, Cam y Jafet.

Ahora bien, Dios vio que la tierra se había corrompido y estaba llena de violencia. Dios observó toda la corrupción que había en el mundo, porque todos en la tierra eran corruptos.

Entonces Dios le dijo a Noé: «He decidido destruir a todas las criaturas vivientes, porque han llenado la tierra de violencia. Así es, ¡los borraré a todos y también destruiré la tierra! Construye una gran barca de madera de ciprés y recúbrela con brea por dentro y por fuera para que no le entre agua. Luego construye pisos y establos por todo su interior. Haz la barca de ciento treinta y ocho metros de longitud, veintitrés metros de anchura y catorce metros de altura. Deja una abertura de cuarenta y seis centímetros por debajo del techo, alrededor de toda la barca. Pon la puerta en uno de los costados y construye tres pisos dentro de la barca: inferior, medio y superior. ¡Mira! Estoy a punto de cubrir la tierra con un diluvio que destruirá a todo ser vivo que respira. Todo lo que hay en la tierra morirá, pero confirmaré mi pacto contigo. Así que entren en la barca tú y tu mujer, y tus hijos y sus esposas. Mete en la barca junto contigo a una pareja —macho y hembra— de cada especie animal a fin de mantenerlos vivos durante el diluvio. Una pareja de cada especie de ave, de animal, y de animal pequeño que corre por el suelo vendrá a ti para mantenerse con vida. Y asegúrate de llevar a bordo suficiente alimento para tu familia y para todos los animales».

Entonces Noé hizo todo exactamente como Dios se lo había ordenado.

(Génesis 6:9-22)

Oración

Señor, gracias por todas las veces que he experimentado tu mano cuidándome. Gracias por tu amor infinito y por tu comprensión. Ayúdame a caminar junto a ti, a buscarte cada mañana y a vivir la vida honrándote en cada una de mis decisiones. Amén.

TREINTA Y TRES

A PESAR DE LAS INJUSTICIAS

(Mateo 5:3-10)

En los últimos quince años (2005-2020), más de treinta sacerdotes católicos han sido asesinados por los narcotraficantes en México. En 2019 asesinaron en Colombia a, por lo menos, diez pastores evangélicos. Ese mismo año también fueron asesinados quince religiosos católicos en África. Podríamos estar todo el día contando estas cifras tan tristes y dolorosas, pero, para resumir, la «Lista de persecución mundial 2020» que publica la organización Puertas Abiertas informaba de que cada semana ocho personas son asesinadas por causa de su fe. Más de cuatrocientas personas mueren al año por ser cristianas y estar comprometidas con su fe.

Pero no pensemos que los cristianos somos los únicos perseguidos y asesinados por nuestro compromiso. En lo que llevamos de año han sido asesinados unos veinte defensores de la selva del Amazonas, y también asesinan a activistas que luchan contra la caza furtiva de las especies en peligro de extinción, a musulmanes en defensa de la vida y de las mujeres que otros aplastan, a periodistas que denuncian la corrupción y a políticos honrados... La lista crece sin parar.

Si vives en España, en 2020, vives lejano y ajeno a todas estas realidades: solo las lees en los periódicos y, si asistes a la iglesia, una vez a la semana oras por ellos porque es lo que hay que hacer.

Sin embargo, no hace tanto que en España morían políticos, policías, periodistas o profesores de universidad que estaban comprometidos con la libertad y plantaron cara sin miedo a los asesinos de la banda terrorista ETA[4].

A la conclusión que llego después de esta introducción tan triste es que hay ocasiones en las que hacer lo correcto te cuesta la vida, y que eso sucede todavía hoy en día.

Todas estas noticias contrastan con lo que vemos cada día en los medios de comunicación, donde muchos políticos y empresarios han sido condenados por corrupción, donde hay constantes investigaciones a ayuntamientos por la malversación de su dinero o donde empresarios son condenados por engañar en los productos que venden y en el pago de sus impuestos.

¿Quiere decir esto que todos los políticos y empresarios son corruptos? Por supuesto que no. Lo que esto evidencia es que estamos en una sociedad con una ética bastante «laxa».

---

4. ETA Euskadi Ta Askatasuna (en euskera, «País Vasco y Libertad»). ETA fue una organización terrorista independentista que utilizó la violencia para lograr sus objetivos. A lo largo de sus más de cincuenta años de existencia, asesinó a casi novecientas personas.

Sin embargo, las mismas personas que se indignan desde los sillones de sus hogares cuando un político o empresario es acusado de alguna de estas cosas son las que pretenden pagar en efectivo y sin factura al carpintero o pintor que ha ido a su casa. Son las mismas que, cuando tienen un roce en el coche, intentan engañar al seguro para que se lo incluyan en la póliza. Las mismas que, cuando pueden no pagar impuestos, no los pagan, aunque estén incurriendo en un delito.

Como decía un buen amigo editor: «Tenemos los políticos que nos merecemos, los que representan exactamente el tipo de país que somos, y eso sirve para todos los países».

En este punto es obligatorio recordar las palabras de Santiago.

> Recuerden que es pecado saber lo que se debe hacer y luego no hacerlo.
> (Santiago 4:17)

La Palabra de Dios nos interpela no solo a no hacer lo malo (pecar), sino que pone a la misma altura saber lo que se debe hacer y no hacerlo. Lo que esto significa es que los cristianos no podemos mirar para otro lado cuando hay injusticias a nuestro alrededor. Dios nos va a demandar lo mismo si pecamos que si miramos hacia otro lado cuando algo va mal a nuestro alrededor.

Pablo Mijangos y González, historiador en el Centro de Investigación y Docencia Económicas de México, dice: «Se trata de que los sacerdotes son un obstáculo a la hora de conseguir el poder local. Matando al cura o al pastor del pueblo los narcos reivindican que son los únicos con autoridad». El sacerdote o el pastor no miran hacia otro lado cuando llega la corrupción de la droga a su comunidad. Muchos de ellos se implican tanto en la vida de la comunidad que dificultan muchísimo la labor a los narcos, que terminan matándolos para acabar con el problema y amilanar al pueblo con su brutalidad.

Sin embargo, el ejemplo de coraje de esos hombres y mujeres asesinados por su compromiso con la sociedad, aunque puede contagiar el miedo a muchos, inspira a que muchos más se levanten y trabajen para que este mundo sea un lugar mejor.

No sé si alguna vez te has visto envuelto en problemas por defender tus principios. Yo, personalmente, no. En mi vida solo me he visto en la circunstancia de ver cómo en una noche en la que celebrábamos un cumpleaños en un restaurante, un hombre bebido estaba acosando a una chica. El dueño del restaurante y yo nos pusimos entre la chica y este hombre, que, además de ebrio, era bastante violento. Lo único que hicimos fue sacarlo del restaurante y esperar a que la policía llegara y se lo llevara. Nada comparable a lo que he descrito hace unas líneas. Sin embargo, las palabras de Santiago estaban presentes en mi cabeza: «Saber lo que debe hacerse y no hacerlo es pecado».

Repito, no sé si te has visto alguna vez en una situación complicada por defender tus principios. Si es así debes estar orgulloso por tener principios y haberles sido fiel. Y si además estos problemas han sido por causa del evangelio, estas palabras de Jesús en las bienaventuranzas son para ti:

Dios bendice a los que son perseguidos por hacer lo correcto, porque el reino del cielo les pertenece.
(Mateo 5:10)

Hay muchas injusticias en este mundo, y los cristianos no somos los únicos que las sufrimos. Hay tantas cosas que no sabría por dónde empezar a enumerarlas, y aunque en este texto se han citado algunas, muchas más se habrán quedado en el aire. No sé la situación en la que te encuentras, si estás sufriendo en tu vida la injusticia o si la estás viendo tan de cerca que te duele el alma con solo percibirla. De una manera o de otra quiero que sepas que Dios te ama y que Jesús murió por ti para que tuvieras una vida plena y abundante. Y si hay alguna situación a tu alrededor que no te permite ser libre, busca ayuda: Dios no te dejará, te dará alguna salida, no te abandonará. Toma fuerzas, mira a tu alrededor, da ese paso para salir de donde estás hoy y empieza a caminar con el Señor en libertad.

Te invito a leer estas palabras de Jesús con las que empieza el famoso sermón del monte y que describen el carácter del seguidor de Jesús. No es que uno sea pobre de espíritu y que otro llore, o que otro sea humilde. Es que todos y cada uno de nosotros, en diferentes momentos de nuestra vida, somos así, porque este es el carácter del creyente, el carácter de alguien que depende totalmente de Dios.

Lectura bíblica

Las bienaventuranzas

Dios bendice a los que son pobres en espíritu y se dan cuenta de la necesidad que tienen de él, porque el reino del cielo les pertenece.

Dios bendice a los que lloran, porque serán consolados.

Dios bendice a los que son humildes, porque heredarán
toda la tierra.
Dios bendice a los que tienen hambre y sed de justicia,
porque serán saciados.
Dios bendice a los compasivos, porque serán tratados con
compasión.
Dios bendice a los que tienen corazón puro, porque ellos
verán a Dios.
Dios bendice a los que procuran la paz, porque serán
llamados hijos de Dios.
Dios bendice a los que son perseguidos por hacer lo
correcto, porque el reino del cielo les pertenece.
(Mateo 5:3-10)

Oración

Señor, ayúdame a levantarme contra las injusticias que
hay a mi alrededor. Ayúdame a hacer lo correcto en todo
momento. A buscarte y honrarte cada día de mi vida. A dar
ese paso definitivo en tu dirección y ser luz en medio de la
oscuridad. Amén

TREINTA Y CUATRO

LA IMPORTANCIA DE DESCANSAR

(Mateo 11:28-30)

Dicen los expertos que el estrés es la enfermedad del siglo XXI. En un artículo[5] publicado en la página web Actualidad Sanitaria leemos: «Estrés es la palabra que resume la falta de tiempo combinado con un exceso de ambiciones, que supone: ansiedad, nerviosismo o desconcierto. Es la respuesta natural del cuerpo a aquello que nos causa miedo, es, en definitiva, un proceso natural clave para la supervivencia pero que vivido de manera continua y con una intensidad excesiva tiene efectos nefastos sobre la salud».

En la generación de nuestros padres y abuelos la vida era infinitamente más sencilla que la vida que vivimos nosotros. En las últimas décadas, más que vivir,

---

5. «El estrés. La enfermedad del siglo XXI». Acceso el 5 de mayo de 2020: https://actualidadsanitaria.com/vida-saludable/el-estres-la-enfermedad-del-siglo-xxi/.

corremos. Nuestras vidas están tan aceleradas que no vemos el momento de tomarnos un descanso. La tecnología, que tanto está ayudando en muchas áreas de nuestra vida, en otras nos está privando de desconectar de las prisas y parar. Desde que todos vamos con el teléfono móvil encima, cual apéndice en nuestro cuerpo, estamos localizables 24 horas al día, siete días a la semana. Recuerdo que cuando éramos pequeños, si papá o mamá salían a hacer la compra y alguno de los que nos quedábamos en casa recordaba que había que comprar algo que no estaba en la lista, no había manera de avisar. Ahora, mientras hacemos la compra, vamos recibiendo mensajes de varios miembros de la familia con sus peticiones particulares.

Si hace unos años no encontrábamos un informe en la oficina, esperábamos al lunes para preguntar a la persona correspondiente. Ahora da igual el día y la hora, llamamos porque no queremos esperar.

Internet nos ha hecho muy impacientes. Antes de internet teníamos que esperar a los boletines de noticias para estar informados; ahora vamos a la red. Antes esperábamos a las diez de la noche para ver la película de los viernes; ahora tenemos la posibilidad de acceder a las películas 24 horas al día. Antes teníamos que esperar al sábado para salir a ver las tiendas de ropa y comprar; ahora Amazon nos lo manda a casa con los gastos de envío incluidos.

Tenemos acceso a todo y todos en todo momento, y eso es agotador solo de pensarlo. No nos damos espacio para desconectar. Hasta en la playa tenemos nuestros teléfonos para consultar el correo electrónico o para estar disponibles para la empresa, intentando allanar el camino al ascenso. O nos pasamos el día publicando en las redes sociales para que todos sepan que estamos ahí.

Toda esa tensión después nos la llevamos a casa porque no somos capaces de desconectar. Y en la sociedad actual nos encontramos que los dos miembros de la pareja tenemos que trabajar para pagar la hipoteca, los coches, las actividades de los niños (a quienes tenemos que llenar la agenda por no poder estar cuidándolos nosotros), las vacaciones y un largo etcétera de cosas que cada vez hacen que la losa que tenemos en nuestros hombros sea más y más pesada.

Entre lo que nos complicamos la vida nosotros solos y lo complicada que ya es de por sí, llegamos al fin de semana con las baterías descargadas, el mal humor por las nubes y un sentimiento de infelicidad que contrasta con la apariencia que pretendemos dar hacia el exterior.

Cuando en marzo de este 2020 llegó la cuarentena a Europa por causa de la COVID-19, un amigo me comentaba que este «tiempo sabático forzoso» iba a ser una verdadera bendición para los que no sabían poner freno a todo lo que pasaba a su alrededor. Como no sabían parar, se detenían de golpe. Y así es, esta cuarentena forzosa nos ha hecho frenar de manera brusca, lo mismo que lo hace un despido inesperado o la aparición de una enfermedad seria. No somos capaces de poner un poco de cordura a nuestras vidas, vivimos con presión y acelerados, y cuando llega algo que nos para de golpe, genera en nosotros una sensación de vértigo y miedo. Y es que muchas veces este exceso de todo oculta muchas cosas a las que no nos queremos enfrentar. Es por eso que necesitamos urgentemente reorganizar nuestra vida, ponerle orden y aprender a priorizar.

¿En qué áreas de tu vida necesitas parar y poner orden? ¿Qué es lo que te agota? ¿Qué dinámicas te están arrastrando día tras día y no eres capaz de frenar? Identificar la respuesta a estas preguntas nos ayudará a empezar a poner orden en nuestra vida y, seguramente, si gestionamos bien estos parones como la cuarentena, también seremos capaces de ver en perspectiva todas estas cosas y tomaremos mejores decisiones.

A mí lo que más me ha preocupado es el cuidado de mi familia. Las infinitas jornadas de trabajo se multiplicaban por dos. Por la mañana gestionaba todo el papeleo y atendía a nuestros clientes en España, por la tarde hacía lo mismo con los de América. Al final atendía llamadas desde las ocho de la mañana a las doce de la noche. Y tenía la sensación de que si no lo hacía de esta manera no estaba siendo lo suficientemente responsable con nuestro proyecto y con el compromiso de cuidar de mi familia. Al final, cuando llegó la cuarentena forzada y se acabaron los viajes, las visitas a clientes, las gestiones fuera de la oficina y las llamadas cesaron porque todo el mundo cerró por unas semanas, me di cuenta de que parar no es tan grave y de que, además, es necesario para la salud.

Entonces las palabras de Jesús en Mateo 11 cobraron un sentido más amplio. Eres consciente de que estás cargado, cansado, estresado y que necesitas descanso. Y no solo un descanso «desconectando» del mundo, sino que necesitas descansar en Jesús. Los primeros días de inactividad forzada los agradeces porque te haces consciente de que necesitabas parar. Sin embargo, después de unos días la ansiedad aparece de nuevo porque llevas demasiado tiempo parado, y entonces el cansancio se convierte en una carga porque empiezas a preguntarte cómo se va a solucionar esto, cómo afectará a mi economía, cómo se resolverá... ¿Volverá a ser todo como antes?

Ahora te hablaba desde la experiencia de la cuarentena por la COVID-19, pero puedes trasladar esto a una parada forzosa por una operación, el periodo entre un cambio de empleo o unas vacaciones forzadas por cualquier situación ajena a tu voluntad. El cansancio se transforma en una carga porque, si bien antes estabas estresado, mantenías cierto control; ahora no controlas nada y la ansiedad en forma de carga te supera. Ahí toman más sentido todavía las palabras de Jesús.

Seguramente el descanso del alma es uno de los más demandados y ansiados; el ser humano es consciente de que tiene que haber una progresión espiritual, y el alma necesita descanso. Jesús pone delante de nosotros esta oferta, que es imposible de igualar. Dios mismo te pide que te recuestes en su regazo y descanses en él, en que él tiene el control de todas las cosas y que su descanso es lo único que necesitas.

Piensa por un momento por qué estás agotado. Piensa en qué cargas llevas encima que no te permiten parar, tomarte un tiempo de desconexión, recargar baterías y evaluar tu vida. Reflexiona sobre ello y acércate a Jesús con humildad. Él te está esperando con los brazos abiertos. Te ama y quiere ayudarte.

Lectura bíblica

Luego dijo Jesús: «Vengan a mí todos los que están cansados y llevan cargas pesadas, y yo les daré descanso.

Pónganse mi yugo. Déjenme enseñarles, porque yo soy humilde y tierno de corazón, y encontrarán descanso para el alma. Pues mi yugo es fácil de llevar y la carga que les doy es liviana».

(Mateo 11:28-30)

Oración

Señor, vengo a tu presencia exhausto. Necesito descansar, quitarme las cargas que llevo sobre mis hombros. Ha pasado demasiado tiempo y no sé cómo hacerlo. Ayúdame a descansar en ti. Cuídame en estos momentos, cuida de mi familia, y ayúdanos a poner orden en medio de esta situación. Amén.

TREINTA Y CINCO

EL AMOR COMO RESPUESTA

(Mateo 5:43-48)

A finales de 2019, el periodista Jon Sistiaga estrenaba en Netflix el documental *ETA, El final del silencio.* Después de más de cuarenta años de cruel terrorismo y más de ochocientos asesinatos, ETA había dejado de matar y se había disuelto en octubre de 2011. Después de unos años que calmaron un poco las violentas aguas que durante más de cuatro décadas habían estado zarandeando el País Vasco y el resto de España, el periodista Jon Sistiaga iba a dar voz a los asesinos y a las víctimas.

El primer episodio impresiona. La voz del narrador es la del etarra Ibon Etxezarreta, condenado por cometer una veintena de atentados, cuatro con víctimas mortales. Ibon se prepara para visitar a Maixabel Lasa, esposa del ex gobernador civil de Guipúzcoa Juan María Jáuregui, asesinado en el año 2000 por el comando al que el etarra pertenecía. La visita se engloba dentro del proceso de paz denominado la Vía Nanclares.

No era la primera vez que Ibon y Maixabel se sentaban a hablar, tuvieron que pasar unas cuantas veces hasta que fueron capaces de sentarse a compartir una comida juntos. Durante esa comida Maixabel tenía muchas preguntas que hacer, preguntas que le rondaban en la cabeza desde hacía casi veinte años. Una de ellas era: «¿Si hubiera acompañado ese día a mi marido, lo habríais matado o no?». A ella le había perseguido mucho tiempo la certeza de que si su familia hubiera estado en esa cafetería, su marido no habría muerto. A su pregunta el etarra contestó: «La decisión estaba tomada, nada habría cambiado».

A lo largo de los 90 minutos que dura este capítulo del documental, se respira mucha tensión, dolor, sufrimiento e impotencia, pero también se respira perdón. El perdón de Maixabel a un chico que podría ser su hijo y que participó en la muerte de su marido que otros planearon y en la que a él le tocó participar.

A veces la vida nos pone frente a historias como esta para colocarnos en el lugar que nos corresponde. Cuántas veces hemos oído «no lo perdonaré nunca», y cuando conoces el origen de esa situación no puedes sino sentir vergüenza. Hace unos años una política escribía en Twitter: «No te lo perdonaré jamás». El mensaje iba dirigido a la alcaldesa de Madrid, Manuela Carmena. El tema es que el Ayuntamiento de Madrid organizó una cabalgata del día de Reyes que se salía bastante de lo tradicional. No se había matado, herido, maltratado, vejado o secuestrado a nadie, sin embargo, para esa persona esto era imperdonable, porque simplemente algo no se había hecho como ella quería.

El perdón es una herramienta muy poderosa, desarma a la persona que nos ha hecho daño, que nos ha causado dolor, y que espera una respuesta contundente por nuestra parte. Cuando en lugar de responder con la misma intensidad o mayor a la ofensa recibida ofrecemos nuestro perdón a quien nos ha hecho daño, dejamos a la persona sin argumentos.

El perdón nos libera porque al perdonar nos desprendemos de la ira que nos ha producido el daño recibido. Esa ira nos causa dolor, malestar, indignación, enfado, y todo esto nos afecta en el día a día. Nos llevamos la ofensa a todas partes, mientras que el ofensor sigue adelante con su vida, seguramente sin acordarse de nosotros.

La capacidad de perdonar está muy relacionada con la capacidad de amar. Cuando perdonamos, en cierto sentido nos estamos liberando a nosotros mismos de una tensión, de un dolor, de un malestar que nos hacen daño. Cuando perdonamos estamos realizando un ejercicio de amor hacia nosotros mismos, pero también de amor hacia la persona que nos ha infligido ese dolor. Cuando perdonamos también hay cierta cantidad de amor en esa acción, hacia el que me ha hecho daño.

El perdón es un tema recurrente en la Palabra de Dios. Dios nos perdona a cada uno de nosotros, lo hace por medio de Jesús y nosotros seguimos ese ejemplo y perdonamos de la misma manera.

Jesús, en el sermón del monte, dedica unos versículos al tema del perdón. En su sermón más importante, en el que nos estaba enseñando su «programa» para su ministerio, introduce el tema del perdón y lo lleva más allá de lo que cualquiera estaría dispuesto. Lo lleva al punto de que perdonar al que amas no es suficiente, también tienes que perdonar a tu enemigo. Y el ejemplo que da es muy gráfico: la lluvia que Dios manda cae sobre justos e injustos, sobre los que la merecen y sobre los que no la merecen, porque Dios en su sabiduría así lo ha dispuesto. Por lo tanto, nuestra actitud hacia el perdón debe ser la misma. No existe «quien sí merece mi perdón y quien no lo merece».

Además, hay otro punto que nos hará pensar en el perdón de otra manera. Jesús, en el padrenuestro, nos enseña a orar, y cuando se refiere al perdón dice lo siguiente: «perdona nuestras deudas, así como nosotros perdonamos a nuestros deudores». Estas palabras de Jesús relacionan directamente mi comportamiento hacia el resto de las personas con cómo Dios hará con respecto a mí. Dios me perdona a mí en función de cómo yo perdono a los demás.

Si el ejemplo a seguir es Jesús, la enseñanza está clara: hasta en la cruz, en el momento de su muerte, rogó por sus asesinos diciendo: «perdónalos que no saben lo que hacen». Y estas palabras las pronuncia ¡mientras lo están matando!

Cuando vi por primera vez a Ibon y Maixabel, vi las enseñanzas de Jesús llevadas a la práctica. Después pensé en las tonterías por las que las familias se deshacen, por qué dejan de hablarse los hermanos o por qué muchos hijos dejan de visitar a sus padres. No somos quienes para juzgar a nadie, pero en lo que está en nuestras manos, en lo que nosotros podamos hacer, hagamos visible a Jesús siempre.

Lectura bíblica

Han oído la ley que dice: «Ama a tu prójimo» y odia a tu enemigo. Pero yo digo: ¡ama a tus enemigos! ¡Ora por los que te persiguen! De esa manera, estarás actuando como verdadero hijo de tu Padre que está en el cielo. Pues él da la luz de su sol tanto a los malos como a los buenos y envía la lluvia sobre los justos y los injustos por igual. Si solo amas a quienes te aman, ¿qué recompensa hay por eso? Hasta los corruptos cobradores de impuestos hacen lo mismo. Si eres amable solo con tus amigos, ¿en qué te diferencias de cualquier otro? Hasta los paganos hacen lo mismo. Pero tú debes ser perfecto, así como tu Padre en el cielo es perfecto.

(Mateo 5:43-48)

Oración

Señor, dame las fuerzas para ser como tú, para que tu ejemplo se haga vivo en mí. Que no haya espacio para el odio en mi corazón. Que solo haya espacio para reflejarte a ti. Amén.

TREINTA Y SEIS

CUANDO TOCA RECONSTRUIR

(Nehemías 2-6)

El European Recovery Program (ERP), popularmente conocido como Plan Marshall, fue una iniciativa de Estados Unidos para la reconstrucción de Europa después de la Segunda Guerra Mundial. Dicho plan consistía en inyectar fuertes ayudas económicas a los países europeos que habían resultado afectados por la guerra. El plan se desarrolló entre 1948 y 1952, y tenía un doble objetivo: reactivar cuanto antes la economía europea, ya que la prosperidad en Europa era beneficiosa para el comercio estadounidense, y por otra parte frenar el comunismo, que se estaba haciendo fuerte en el este de Europa.

Lo cierto es que Europa necesitaba ser reconstruida después de haber vivido dos guerras mundiales muy seguidas, y sobre todo con la gran destrucción que se había producido en la segunda.

En este plan recibieron ayuda tanto los países que lucharon con los aliados como los países pertenecientes al Eje. El objetivo principal era activar Europa cuanto antes.

Las reconstrucciones son siempre complicadas y dolorosas. Al halo de esperanza que llega cuando la reconstrucción empieza, se une la tristeza por el recuerdo constante de lo que provocó la destrucción y la añoranza por las personas que se perdieron por el camino.

Cuando nos toca reconstruir nuestra vida después de un proceso de destrucción, prácticamente sucede lo mismo. Cuando nuestra vida se viene abajo por alguna razón, el proceso de reconstrucción no deja de ser doloroso, y lo sigue siendo porque nos hace más y más presente por qué estamos donde estamos y cómo hemos llegado allí.

En mi labor pastoral he tenido que acompañar a algunas personas en su particular proceso de reconstrucción. Cada uno de nosotros podríamos ponerle nombre y apellido a nuestro particular proceso de reconstrucción, pero sin duda los procesos más complicados son los que implican el duelo por habernos separado de un ser querido. Ya sea por un fallecimiento o por un divorcio, cuando una persona a la que amamos ya no está junto a nosotros, y ese proceso nos ha generado destrucción, nos toca reconstruir desde muy abajo.

Hace unos años una querida amiga me llamó para ver si nos podíamos encontrar con su esposo y con ella y charlar un rato. Nos conocíamos desde el instituto, por lo tanto ella sabía de mi experiencia con el cáncer. A su esposo le habían diagnosticado el mismo linfoma que yo había tenido años atrás y ella quería que yo pudiera contarles mi experiencia. Este tema siempre me genera mucho respeto porque, como ya he dicho antes, no tengo respuesta para saber por qué yo sí lo pude superar y otros no lo hacen. Aun con mi temor, siempre digo que sí a quien necesita hablar conmigo de este tema.

Fuimos a tomar un café y charlamos durante un par de horas, les compartí mi experiencia y nos pusimos al día después de no habernos visto por mucho tiempo. A los pocos meses su esposo fallecía. Ella se quedaba con dos niños pequeños y en ese momento estaba frente al abismo. Tenía que pasar el duelo y, después, empezar la reconstrucción de su vida y la de su familia. Han pasado varios años de esto y, centrándose en ayudar a otras personas que pasaron lo mismo que ella, ha ido reconstruyendo su vida y la de sus hijos.

No son procesos agradables pero sí necesarios, porque no podemos dejar nuestra vida en ruinas. La reconstrucción se hace necesaria para poder ser fuertes de nuevo y estar preparados para el resto de las cosas que tendremos que vivir.

A lo largo de mi vida, el libro de Nehemías ha sido de gran inspiración para mí: cómo Nehemías conoce la situación de Jerusalén y de su pueblo, su empatía y sentido de pertenencia, su compromiso para la reconstrucción, la gestión que hace con el rey para que le ayude, la implicación de las tribus en el proceso, cómo algunos quisieron boicotear el plan, volver a leer y enseñar la Palabra de Dios… Es un libro apasionante que habla de la reconstrucción de una muralla, pero también es la reconciliación de Nehemías con los suyos y consigo mismo. Este hombre, que lo tenía todo, lo deja todo para ser uno más, para volver a sentirse parte del pueblo en medio de esa reconstrucción.

Los procesos de reconstrucción son internos y también externos. Muchos expertos recomiendan que, en medio de estos procesos, y en la medida de lo posible, se cambie de ciudad o de domicilio. Un proceso total de renovación.

Te invito a leer todo el libro de Nehemías y a que reflexiones sobre este proceso de reconstrucción. Aquí te comparto unos pocos versículos del capítulo 2.

Lectura bíblica

Los funcionarios de la ciudad no supieron de mi salida ni de lo que hice, porque aún no le había dicho nada a nadie sobre mis planes. Todavía no había hablado con los líderes judíos: los sacerdotes, los nobles, los funcionarios, ni con ningún otro en la administración; pero ahora les dije:

—Ustedes saben muy bien las dificultades en que estamos. Jerusalén yace en ruinas y sus puertas fueron destruidas por fuego. ¡Reconstruyamos la muralla de Jerusalén y pongamos fin a esta desgracia!

Después les conté cómo la bondadosa mano de Dios estaba sobre mí, y acerca de mi conversación con el rey. De inmediato contestaron:

—¡Sí, reconstruyamos la muralla!

Así que comenzaron la buena obra.

(Nehemías 2:16-18)

Oración

Señor, gracias por tu amor infinito. Te ruego que en esos momentos de dificultad nos guardes y nos ayudes, de la misma forma que a Nehemías, a buscarte y seguir adelante. Que en nuestra vida estés siempre presente. Amén.

TREINTA Y SIETE

CAMBIAR DE MENTALIDAD

(Filipenses 2:14-15)

En España, el INE (Instituto Nacional de Estadística) realiza cada cierto tiempo unas encuestas en las que busca obtener datos reales acerca de muchas cosas. Una de las que más información aporta es la que habla sobre lo que preocupa a los españoles.

Según el momento en que se haga la pregunta se obtiene una respuesta muy diferente, pero en los últimos años la corrupción ha estado siempre entre el primer y el segundo lugar, junto al desempleo.

Por otra parte, cuando se pregunta a los jóvenes por las cualidades que valoran más en un político o un profesor, en definitiva, a un referente para ellos, la respuesta es honestidad y sinceridad.

Cuando unimos toda esta información nos damos cuenta de que los valores que más escasean entre los líderes del país son los más valorados por parte de los jóvenes.

Por esa razón, cuando la Palabra de Dios nos llama a llevar una vida honesta, relaciona esto con ser luz en medio de un mundo oscuro por la corrupción.

Cuando un cristiano está en un puesto de liderazgo tiene una doble oportunidad de impactar. Primero, hacer el trabajo con excelencia, con el objetivo de ser los mejores en lo que hacemos y mantener un testimonio ejemplar. Y en segundo lugar, impactar la vida de las personas que tenemos cerca. Si lo que más preocupa, de manera recurrente, es la corrupción, la falta de honestidad y transparencia, a los creyentes nos debería ser muy sencillo brillar, ya que estos son los valores que se desprenden de la Palabra de Dios. Somos embajadores de Dios allí donde estamos, y nos toca marcar la diferencia.

Sin embargo, en muchas ocasiones nos dejamos contagiar por los diferentes ambientes que se generan en nuestros trabajos y dejamos que la crítica, la envidia y la queja nos contagien, y entonces el efecto es todo lo contrario, porque cuando un cristiano hace lo mismo que el resto se ve el doble. Cuando nosotros criticamos al jefe o a un compañero, no solo dejamos de hacer aquello que se espera de nosotros, sino que entonces le facilitamos el trabajo a Satanás, que no necesita nada más que un cristiano comportándose de la misma manera que el resto para que las consecuencias sean infinitamente peores.

El apóstol Pablo en su carta a los Filipenses desafía a los creyentes a que marquen la diferencia: que no se quejen, que no discutan, que no sean ellos los criticados por comportarse como el resto. Llama a los creyentes a brillar en medio de un mundo corrupto, y lo hace con unas palabras que nos recuerdan un famoso pasaje del sermón del monte, cuando Jesús nos desafía a brillar, a no avergonzarnos, a resaltar en medio de este mundo.

> Ustedes son la luz del mundo, como una ciudad en lo alto de una colina que no puede esconderse. Nadie enciende una lámpara y luego la pone debajo de una canasta. En cambio, la coloca en un lugar alto donde ilumina a todos los que están en la casa. De la misma manera, dejen que sus buenas acciones brillen a la vista de todos, para que todos alaben a su Padre celestial.
> (Mateo 5:14-16)

Si hay algo que este mundo necesita hoy es que los cristianos sean visibles. Que cambiemos esa mentalidad que nos ha llevado a vivir la fe en secreto. ¿Cuántos de tus compañeros de trabajo o de tu instituto o universidad saben que eres cristiano? Y la gran pregunta: si se enteraran hoy de que eres creyente, ¿se sorprenderían o nos dirían «Pero si ya lo sabemos todos, se ve de lejos»?

Es el momento de dar un paso adelante, de ser valientes, de no avergonzarnos del evangelio, de salir del anonimato, y de hacerlo de una manera inteligente. Quizás no podamos decirlo con nuestras palabras, pero seguro que sí podemos decirlo con nuestras acciones. En lo que hacemos se refleja perfectamente lo que creemos.

Lectura bíblica

Hagan todo sin quejarse y sin discutir, para que nadie pueda criticarlos. Lleven una vida limpia e inocente como corresponde a hijos de Dios y brillen como luces radiantes en un mundo lleno de gente perversa y corrupta.

(Filipenses 2:14-15)

Oración

Señor y Padre, ayúdame a ser valiente, a vivir mi vida conforme a tu palabra, a que mi vida dé testimonio de todo lo que has hecho por mí y te sientas orgulloso de mí cada día. Amén.

TREINTA Y OCHO

MIRANDO AL CIELO

(Ester 4:13-17)[6]

Estamos en un momento de la historia único. En estos tiempos están sucediendo cosas que no habían pasado jamás a nivel mundial. Si bien es cierto que ha habido epidemias y crisis en muchas partes del mundo, esta es la primera vez que sucede algo así a nivel global.

Un pequeñísimo virus, invisible al ojo humano, ha puesto en jaque a la humanidad entera. A fecha de hoy, mientras escribo estas líneas, nos informan de que se espera que la primera vacuna esté lista para dentro de nueve meses, pero esta es la información más optimista. Mientras tanto, tendremos que mantener ciertas medidas para evitar que los contagios colapsen los sistemas sanitarios y siga muriendo gente.

Nos encontramos en un «tiempo sabático forzado». Estamos en un momento en el que nos hemos visto

---

6. Esta reflexión es fruto de unas conversaciones que tuve con Marcos Vidal en las primeras semanas de la cuarentena que se vivieron en España por causa de la COVID-19.

obligados a pararlo todo de una manera abrupta, sin previo aviso, sin darnos tiempo a idear un plan B. Y a pesar de todo este caos, este es el mejor momento para mirar al cielo, buscar a Dios y descubrir qué es lo que Dios nos va a enseñar en este tiempo. En los momentos de quietud, de silencio, de calma, es cuando mejor podemos escuchar a Dios. Cuando, sin prisas, nos podemos acercar a su presencia y buscarlo, con la certeza de que Dios está junto a nosotros escuchando nuestra voz.

También es un momento en el que nos estamos descubriendo cada uno como realmente somos y estamos con respecto a Dios. Ahora que no tenemos más contacto que con nuestra familia más cercana, estamos mostrándonos tal como somos: ahora no nos estamos poniendo el traje de «salir de casa» durante unas horas y, después, regresar a la intimidad de nuestro hogar. Ahora somos genuinamente nosotros. Y esto también en nuestra relación con Dios, porque ahora que no tenemos nada del «folclore de la liturgia», nos acercamos a Dios tal como somos y sin que nadie nos vea. Los que han estado a lo largo de su vida saltando de iglesia en iglesia, buscando algo «que les llenara», una iglesia que les diera lo que ellos necesitaban, ahora están perdidos porque se han limitado a recibir y no tienen ni idea de lo que es dar. Estas personas hoy están en una seria crisis. Es posible, incluso, que tú mismo estés descubriendo si Dios es suficiente. Ahora que no hay alabanza, ni comunidad, ni celebración de la fe, ¿es esto suficiente para ti? Esta es otra de las grandes preguntas que vamos a tener que responder a lo largo de este tiempo de cuarentena.

También estamos descubriendo que nos encontramos con los nuestros, con nuestra familia, y es con ellos con quienes estamos experimentando ese momento de intimidad con Dios. La primera iglesia es nuestra familia, y es ahí donde empezamos a experimentar la fe. Dios nos ha traído de nuevo a Jerusalén, que es donde empieza la misión. Más adelante, si él lo permite, volveremos a mirar a Judea, Samaria y a lo último de la tierra, pero ahora toca mirar hacia adentro, hacia nuestro hogar.

Por último, este es el momento de la verdad de Dios para todos nosotros. Esta pregunta me la hacía Marcos Vidal hace algunas semanas: «Quién sabe si este es el momento para el que vive la iglesia. ¿Y si es para ahora para lo que la iglesia existe?».

La historia de la reina Ester es una maravilla. Ester había llegado a ser reina de una manera milagrosa, al tiempo que su tío y padre adoptivo, Mardoqueo, se había convertido en uno de los hombres más importantes del rey persa. Las envidias que todo esto generó hicieron que Ester y su tío se vieran en medio de un complot para que el rey fuera engañado y conseguir que aceptara firmar un edicto para exterminar a todos los judíos. Ante esto, Mardoqueo le pide a Ester que interceda delante del rey para que eso no suceda. Sin embargo, si alguien se presentaba delante del rey sin ser llamado podía ser condenado a muerte, a no ser que recibiera el perdón del monarca. Ester le mostró a Mardoqueo sus dudas, a lo que este le respondió:

No te creas que por estar en el palacio escaparás cuando todos los demás judíos sean asesinados. Si te quedas callada en un momento como este, el alivio y la liberación para los judíos surgirán de algún otro lado, pero tú y tus parientes morirán. ¿Quién sabe si no llegaste a ser reina precisamente para un momento como este?

(Ester 4:13-14)

La pregunta para nosotros hoy es: «¿Quién sabe si la iglesia no existe para un momento como este?». Quién sabe si ahora no es el gran momento de la iglesia. Hay muchísimas personas que están buscando a Dios de manera desesperada. Personas que en medio de esta crisis están acercándose a Dios y a la iglesia en busca de consuelo, ayuda, apoyo en medio del temor y el dolor. Y nos toca a nosotros estar a la altura, porque «¿Quién sabe si no es para este momento para el que el Señor nos ha llamado?».

Las palabras que Ester recibe la ponen frente a la realidad de su pueblo. La misma pregunta que ella contestó hoy tenemos que contestarla nosotros, y este es nuestro momento. Te recomiendo que leas todo el libro de Ester para conocer esta historia tan maravillosa.

Lectura bíblica

Mardoqueo le envió la siguiente respuesta a Ester: «No te creas que por estar en el palacio escaparás cuando todos los demás judíos sean asesinados. Si te quedas callada en un momento como este, el alivio y la liberación para los judíos surgirán de algún otro lado, pero tú y tus parientes morirán. ¿Quién sabe si no llegaste a ser reina precisamente para un momento como este?».

Entonces Ester envió la siguiente respuesta a Mardoqueo: «Ve y reúne a todos los judíos que están en Susa y hagan ayuno por mí. No coman ni beban durante tres días, ni de noche ni de día; mis doncellas y yo haremos lo mismo. Entonces, aunque es contra la ley, entraré a ver al rey. Si tengo que morir, moriré». Así que Mardoqueo se puso en marcha e hizo todo tal como Ester le había ordenado.

(Ester 4:13-17)

Oración

Señor, ayúdanos en estos momentos de crisis para poder ayudar a otros. Muéstranos tus caminos y pon delante de nosotros a las personas a quienes deseas que ayudemos. Amén.

TREINTA Y NUEVE

HAY ESPERANZA

(Juan 11:1-44)

Cuando hablamos de crisis, cada uno de nosotros entiende algo diferente. Los orientales identifican la crisis como una oportunidad de cambio: es la oportunidad que tienen para mejorar, hacer ajustes, dejar atrás lo que no les ayuda a crecer y avanzar y tomar nuevas decisiones. Los europeos, hasta ahora, entendíamos la crisis como una cuestión económica o del empleo. Fundamentalmente lo relacionábamos con temas de dinero. Mientras tanto, algunos amigos de Latinoamérica bromeaban con nosotros en los momentos de la crisis financiera de 2008 y nos decían: «¡Pero si esto es el pan nuestro de cada día por aquí!».

Cada uno de nosotros nos encontramos en un momento diferente de nuestras vidas, con situaciones familiares, culturas, cuestiones económicas o laborales e incluso edades distintas. Por lo tanto, no podemos ver las cosas que suceden a nuestro alrededor de la misma manera. Por eso cada uno respondemos a las situaciones de manera diferente. Podemos llegar a sentir lo mismo, pero nuestro punto de partida ante las realidades que nos toca vivir no es el mismo.

Igual que los orientales, los europeos, latinos, americanos o africanos entendemos más o menos lo mismo cuando analizamos las situaciones que nos rodean: no todos lo vemos de la misma manera ni encontramos los mismos caminos para solucionarlo.

Sin embargo, sí hay algo que todos podemos comprender por igual, y es que cualquiera que sea el problema que estamos enfrentando, ya sea global o individual, económico, social, laboral o de salud, lo más importante, lo verdaderamente fundamental, es que tengamos esperanza en que hay una salida.

Si tenemos esperanza, da lo mismo que ahora no veamos solución posible a lo que estamos viviendo, porque la esperanza nos indica que hay una salida, y en el momento adecuado esa salida aparecerá. La solución se presentará y podremos superar esta circunstancia.

Cuando repetimos aquello de que «La esperanza es lo último que se pierde», lo que estamos diciendo es que si no tuviéramos esperanza, no tendríamos nada, y no podemos permitirnos vivir sin nada a lo que aferrarnos porque entonces la existencia se haría insoportable.

Tengo un amigo que dirige una escuela de escritura. A sus más de 60 años ha publicado manuales para escritores, correctores y editores. Ha publicado varios libros propios y ha ayudado a muchos autores a cumplir su sueño. En los últimos años ha tenido varios problemas graves de salud y ha pasado varias temporadas ingresado en el hospital. No sé muy bien la razón, pero este amigo rechaza cualquier posibilidad de la existencia de Dios. Además, todo lo relacionado con Dios, la fe, la iglesia, los pastores o sacerdotes, le produce un rechazo visceral. En alguna ocasión he intentado que habláramos del tema, pero ha sido como golpear un muro de hormigón con la pluma de un pato. Sin embargo, su fe en el personal sanitario que lo atiende es total. Toda la fe que no es capaz de tener en Dios, la tiene en las personas que lo atienden y le ayudan a curarse. Si no fuera así, sin esa fe, sin esa esperanza, sería imposible soportar el dolor y la desesperación de la existencia. Su esperanza son ese grupo de personas.

Por eso, cuando una persona dice que no cree en nada, estamos únicamente ante un postureo. Creer, creemos todos; de otra manera sería insoportable vivir.

La esperanza nos ayuda a levantarnos cada mañana aun en la adversidad, porque creemos que algo bueno sucederá, que las cosas cambiarán, que se moverá una pieza en el tablero de la vida y nuestro destino también mejorará.

Hay veces que he visto a cristianos, que verdaderamente creen, confundir la esperanza con la resignación. Creen que Dios está ahí, pero nada más. El sufrimiento es su sino, y creen que las promesas de Dios son para la eternidad pero no para el aquí y el ahora.

Todavía recuerdo a uno de los responsables de la Iglesia Evangélica Bautista de Albacete, donde crecí, enseñándonos acerca de Juan 10:9-10 en un campamento de jóvenes:

> Yo soy la puerta; los que entren a través de mí serán salvos. Entrarán y saldrán libremente y encontrarán buenos pastos. El propósito del ladrón es robar y matar y destruir; mi propósito es darles una vida plena y abundante.

Este texto habla de que las promesas de Dios son para disfrutar ya, aquí y ahora. Sin embargo, hay personas que no lo entienden y que, a pesar de haber aceptado al Señor en sus vidas, ir a la iglesia, leer la Biblia y tener una vida en comunidad, no terminan de vivir una vida plena y abundante porque se boicotean a sí mismas.

Algo parecido les pasó a las hermanas de Lázaro. Cuando este enfermó gravemente, Marta y María llamaron a Jesús desesperadas porque veían que Lázaro se estaba muriendo. Finalmente Jesús se entretiene y llega cuando Lázaro ya ha fallecido, pero Jesús ya había avisado de que la muerte de su amigo no era tal, sino que dormía. Sin embargo, las hermanas de Lázaro no lo entendieron así:

> Jesús le dijo:
> —Tu hermano resucitará.
> —Es cierto —respondió Marta—, resucitará cuando resuciten todos, en el día final.

Marta creía en el Señor, pero no creía que sus bendiciones y milagros fueran para aquí y ahora. Pensaba que esa esperanza, todas esas promesas, no eran para disfrutarlas en esta vida, en este momento. Por eso le responde al Señor que le cree, pero no es capaz de ver que su hermano vive en ese mismo momento.

La esperanza que Jesús nos está ofreciendo es para disfrutarla ahora mismo, ya. Él está llamando a la puerta de tu corazón y te está diciendo: «Hay esperanza».

Te invito a leer todo el relato de la resurrección de Lázaro con esta idea en mente: la idea de que Jesús nos abre la puerta a vivir todos y cada uno de los días de nuestra vida con esperanza. El Señor nos promete: «¿No te dije que si crees, verás la gloria de Dios?».

Lectura bíblica

Jesús respondió:

—¿No te dije que si crees, verás la gloria de Dios?

Así que corrieron la piedra a un lado. Entonces Jesús miró al cielo y dijo: «Padre, gracias por haberme oído. Tú siempre me oyes, pero lo dije en voz alta por el bien de toda esta gente que está aquí, para que crean que tú me enviaste». Entonces Jesús gritó: «¡Lázaro, sal de ahí!». Y el muerto salió de la tumba con las manos y los pies envueltos con vendas de entierro y la cabeza enrollada en un lienzo. Jesús les dijo: «¡Quítenle las vendas y déjenlo ir!».

(Juan 11:40-44)

Oración

Abre mis ojos, oh Cristo, necesito verte en mi vida, en mis decisiones, en mi día a día, en mis problemas y también en todas las cosas buenas que me pasan. Señor, quiero verte caminar a mi lado cada día de mi vida. Amén.

CUARENTA

¿Y SI JESÚS ES LA RESPUESTA?

(Juan 14:1-14)

Estos devocionales empezaron en el grupo de WhatsApp y el Facebook de la Iglesia Evángelica de Valls (Tarragona), la comunidad que llevo pastoreando cerca de quince años[7], en los primeros días de la cuarentena por la COVID-19. Dado que no podríamos vernos en varias semanas, sentí en mi corazón empezar a escribir estos devocionales para alentar a nuestra comunidad y bendecir a las personas que pudieran leerlos.

Con apenas tres devocionales escritos, que en principio solo recibían los miembros de nuestra congregación, me pidieron que los pudiéramos subir a Facebook, por lo menos alguno de ellos. Y así lo

---

7. Empecé a pastorear la iglesia junto a David Solà en el 2001, y hubo un paréntesis de tres años, entre 2013 y 2016, en que no fui el pastor de la iglesia. En 2016 asumí de nuevo la responsabilidad pastoral, que sigo ejerciendo a fecha de hoy.

hicimos. Compaginamos los mensajes que grabamos para los domingos con estos devocionales. De repente pasaron de leerse por parte de los cincuenta hermanos de nuestra pequeña iglesia a más de 1.500 personas en algunos casos.

Una hermana de nuestra iglesia, que ahora vive en Miami, los compartió con su pastor, que se los empezó a hacer llegar a su comunidad hispana de más de 1.800 personas, y después empezaron a traducirlos al inglés para el resto de la iglesia.

Todo esto sucedió en apenas tres semanas, así que me puse a orar por esta puerta que se abría gracias a la tecnología. A la mañana siguiente, mientras oraba con mi esposa, sentí que tenía que hacer algo más con el exceso de tiempo libre que me dejaba la cuarentena, así que decidí escribir estos devocionales de aliento espiritual con la intención de ayudar y bendecir a las personas que pudieran leerlos.

Este es el último devocional de este libro, y aunque este es un libro para ser releído y compartirlo con las personas que tengas cerca, siento que Jesús me ha guiado a lo largo de estas páginas para que puedas encontrarte con él en esos momentos de necesidad espiritual. A lo largo de todo este proceso he sentido cómo caminaba con Jesús todo este camino, y he sentido cómo su Palabra me abrazaba para decirme: «Juan, todo está bien».

El último capítulo tenía nombre y lectura bíblica desde el primer día. Jesús es la respuesta. Jesús es la respuesta ante la pregunta que viene después de leer este libro: «¿Y ahora qué?». Ahora viene cuando abrimos los ojos y nos enfrentamos a la realidad que tenemos a nuestro alrededor. Aunque este libro lo he escrito pensando en esas situaciones de dificultad que todos tenemos que vivir en algún momento de nuestras vidas, es muy posible que leas este libro desde una situación de sosiego y tranquilidad. Aun así, la pregunta es: «¿Y ahora qué?».

No sé si eres creyente o no. Ahora mismo estoy escribiendo estas últimas frases y estoy pensando en que desconozco cómo llegará a tus manos este libro. Sin embargo, estoy convencido, de todo corazón, que si estás leyendo estas páginas es porque Dios quiere que lo hagas. Si no te has dado nunca la oportunidad de creer, este es el momento. Jesús te invita a seguirle, y la lectura bíblica de hoy te va a invitar a ello en palabras del mismo Jesús. Dale una oportunidad, te aseguro que tu vida cambiará por completo. Puede que no lo haga de golpe, pero solo será en apariencia, porque con Jesús en tu vida absolutamente todo lo que vivas va a ser diferente.

Si eres creyente, deseo que este libro te haya ayudado a fortalecer tu relación con Dios. Y que estas palabras te sirvan para contagiar este aliento espiritual a las personas que Dios ponga en tu camino.

En cualquier caso, Jesús está a la puerta, nos está llamando. No solo quiere conocernos, no solo quiere una relación con nosotros. Jesús nos quiere caminando junto a él. Nos quiere yendo a donde solo él va: al encuentro con el necesitado, al abrazo del que ha sido rechazado, al consuelo del que ha sido herido. Sin juicios, sin opiniones, solo contagiando el amor de Jesús a las personas que lo necesitan, que están cerca de nosotros clamando, a veces en silencio, porque necesitan un abrazo en medio de su noche más oscura.

Mi oración en este momento es por cada uno de los que hemos entendido que nuestra misión es la de ser canales de bendición. Posiblemente vamos a ser la única vía por la cual muchas de las personas que nos rodean puedan encontrarse con Jesús. Nuestra vida debe ser ese espejo que refleje el amor, la misericordia, el perdón, la aceptación, el abrazo que todas esas personas necesitan, de la misma manera que el hijo pródigo. Y tú y yo podemos hacerlo real. Busquemos las fuerzas y la guía en Jesús para dar ese paso y transformar este mundo. Que Dios te guarde y bendiga siempre.

Lectura bíblica

[...] No dejen que el corazón se les llene de angustia; confíen en Dios y confíen también en mí. En el hogar de mi Padre, hay lugar más que suficiente. Si no fuera así, ¿acaso les habría dicho que voy a prepararles un lugar? Cuando todo esté listo, volveré para llevarlos, para que siempre estén conmigo donde yo estoy. Y ustedes conocen el camino que lleva adonde voy.

—No, Señor, no lo conocemos —dijo Tomás—. No tenemos ni idea de adónde vas, ¿cómo vamos a conocer el camino?

Jesús le contestó:

—Yo soy el camino, la verdad y la vida; nadie puede ir al Padre si no es por medio de mí. Si ustedes realmente me conocieran, también sabrían quién es mi Padre. De ahora en adelante, ya lo conocen y lo han visto.

Felipe le dijo:

—Señor, muéstranos al Padre y quedaremos conformes.

Jesús respondió:

—Felipe, ¿he estado con ustedes todo este tiempo, y todavía no sabes quién soy? ¡Los que me han visto a mí han visto al Padre! Entonces, ¿cómo me pides que les muestre al Padre? ¿Acaso no crees que yo estoy en el Padre y el Padre está en mí? Las palabras que yo digo no son mías, sino que mi Padre, quien vive en mí, hace su obra por medio de mí. Solo crean que yo estoy en el Padre y el Padre está en mí; o al menos crean por las obras que me han visto hacer.

»Les digo la verdad, todo el que crea en mí hará las mismas obras que yo he hecho y aún mayores, porque voy a estar con el Padre. Pueden pedir cualquier cosa en mi nombre, y yo la haré, para que el Hijo le dé gloria al Padre. Es cierto, pídanme cualquier cosa en mi nombre, ¡y yo la haré!

(Juan 14:1-14)

Oración

Padre nuestro que estás en el cielo,
   que sea siempre santo tu nombre.
Que tu reino venga pronto.
Que se cumpla tu voluntad en la tierra
   como se cumple en el cielo.
Danos hoy el alimento que necesitamos,
   y perdónanos nuestros pecados,
      así como hemos perdonado a los que pecan contra
      nosotros.
No permitas que cedamos ante la tentación,
   sino rescátanos del maligno.

(Mateo 6:9-13)

Juan Triviño

(Barcelona, 1974) es socio fundador de Ediciones Noufront, Noubooks y la plataforma www.produccioneditorial.com. Asesora a diversas entidades públicas y privadas de varios países sobre cualquier tema relacionado con proyectos editoriales. Conferenciante y escritor, colabora con varias revistas y blogs en los que publica con regularidad. Con más de veinticinco años de experiencia en el servicio cristiano, Juan comparte su labor empresarial con el pastorado de la Iglesia Evangélica de Valls en España. Amante del cine y los viajes, es un gran lector y aficionado al fútbol y al baloncesto. Casado con Febe Solà, son padres de Anna y Erik, y cuatro hijos más de los que no han podido disfrutar.

¡Quiero publicar mi libro!

Ya lo has conseguido: te has peleado contra los elementos y contra tus limitaciones, y has conseguido terminar de escribir ese libro con el que llevabas tanto tiempo soñando. Lo miras con orgullo de padre y todo lo que te invade es la ilusión del logro conseguido. Y, de repente, una pregunta te cruza la mente: ¿y ahora qué?

Como escritor, sabes que un libro no está completo hasta que otros ojos lo leen, hasta que otra gente recibe la historia, el propósito y el mensaje que primero te impactó a ti. Sabes que quieres publicar tu libro, pero el mundo editorial de hoy en día parece cada vez más complejo, un monstruo dispuesto a devorar a cualquiera que se acerque a sus fauces.

Este libro que tienes en las manos quiere ayudarte a terminar de cumplir tu sueño. Está escrito con el ánimo de ser todo lo que un escritor, consagrado o no, debe conocer del mundo editorial, de sus complicados procesos y tiempos, de sus fórmulas y sus profesionales. Y su único objetivo es hacer que encuentres el camino para conseguir aquello que un día te propusiste: publicar tu libro.

Juan Triviño, editor y asesor editorial que colabora con varias entidades de España, México y Estados Unidos, nos cuenta desde su experiencia personal qué es necesario saber del mundo editorial de hoy en día. Desde la edición del texto y el diseño de las portadas hasta las diferentes formas de impresión y los medios de distribución actuales (pasando por algo tan importante hoy como Internet y sus posibilidades para el escritor), nos va exponiendo punto por punto, y desde dentro, todo aquello que siempre hemos observado con fascinación desde el otro lado del escenario, animándonos a formar parte de ello.

PRESENTAN:

Para vivir la Palabra

www.casacreacion.com

Te invitamos a que visites nuestra página web, donde podrás apreciar la pasión por la publicación de libros y Biblias:

www.casacreacion.com

Para vivir la Palabra